すぐに▼役立つ

# 入門図解 最新 マンション管理の法律と実務

弁護士 森 公任／弁護士 森元みのり 監修

三修社

# はじめに

マンションの住人は、そのマンションの管理を行う必要があります。マンション管理の実施をおもな目的としたマンションの各部屋の所有者全員で構成される団体が管理組合です。マンションには、自分が所有する部屋などの部分（専有部分）と、他の住民と共同で所有する階段やエレベータなどの部分（共用部分）があります。管理組合は、管理費支払い・総会の招集・設備の点検・修繕の要否といった問題に対応していかなければなりません。

マンションの管理については、民法、区分所有法、マンションの管理の適正化の推進に関する法律やマンションの建替えの円滑化に関する法律など、さまざまな関連法律があります。また、国土交通省から公表されているマンション標準管理規約、標準管理委託契約書、各種指も重要です。これらについても一定の知識を備える必要があります。

本書は、近年の法律や指針の改正をふまえた上で、マンションの管理組合を維持・運営するために知っておくべき法律知識から、運営上の注意点、管理のノウハウまでを解説しています。管理規約・集会・管理費・修繕・建替えといった事項について、知っておくべき実務ポイントを80を超えるQ&Aを盛り込み、解説しています。また、管理費の徴収などトラブルが生じたときに活用できる法的手段についても解説を加え、支払督促申立書や訴状の記載例を掲載しました。

民法債権法改正や令和２年のマンション管理適正化法、マンション建替え等円滑化法改正などの最新の改正にも対応しています。

本書をご活用いただき、マンション管理の一助にしていただければ、監修者として幸いです。

監修者　弁護士　森　公任　　弁護士　森元みのり

# Contents

## 第2章　管理規約の成立と変更

## 第４章　管理組合の組織と運営

## 第6章　修繕と建替えの法律問題

# 第１章

# マンション管理の基本

# 1 マンション管理組合はどんな仕事をする組織なのか

区分所有者の集まりである管理組合によって運営されている

## 管理組合とは

マンションは大勢の人たちが暮らす建物です。快適な生活をするためには、行き届いたマンションの管理が不可欠です。そこでマンション管理について定めた**区分所有法**という法律では、「区分所有者は、全員で建物並びにその敷地及び附属施設の管理を行うための団体を構成」することを定めています。この「団体」のことを、一般に**管理組合**と呼んでいます。管理組合のおもな仕事には、①共用部分の管理、②管理費の徴収・管理、③管理規約（単に「規約」と呼ぶこともあります）の設定・変更・廃止があります。管理組合は、マンションを管理し、良好なマンション環境を守るための存在です。

マンションの管理組合の組合員（管理組合の構成員）になるのは、マンションの各部屋の所有者（区分所有者）です。マンションの各部屋の所有者は、希望するか否かにかかわらず、当然に管理組合の組合員になるとともに、各部屋の所有者である限り管理組合からの脱退はできません。マンションの一室を購入したが、その部屋に居住していなくても、所有者であれば、管理組合の組合員になります。

## 賃借人と管理組合の関係

マンションには、部屋を所有している人（区分所有者）の他に、区分所有者から部屋を借り受けて住んでいる人（賃借人）がいる場合もあります。しかし、賃借人は区分所有者ではないので、管理組合の構成員になることはできません。

しかし、賃借人も同じマンションで生活するわけですから、区分所有者と同じように、そのマンションのルールに従わなければなりません。区分所有法では、賃借人も、建物の保存に有害な行為や、建物の管理・使用に関し、区分所有者の共同の利益に反する行為をしてはならないことを定めています。賃借人がこの義務を怠った場合には、賃貸人から賃貸借契約を解除されることがあります。また、他の区分所有者は、賃借人に対して、違反行為を止めるように警告や勧告をしたり、管理規約に基づいて制裁を課すことができます。さらに、総会（区分所有法では「集会」と表現されている）の特別決議（区分所有者及び議決権の各４分の３以上の多数で行う決議）によって、賃貸借契約の解除と部屋の引渡しを請求する訴えを提起することもできます。

なお、建物の使用方法などについて賃借人に利害関係がある場合には、賃借人にも集会（総会）への出席と意見を述べる権利が認められています（決議に加わることはできません）。

## 区分所有とはどんな所有形態なのか

一戸建ての建物（住宅）を購入した場合には、建物を自分だけが所有している限り、自由に建物を処分できる（売却・賃貸・贈与などができる）のが原則です。しかし、マンションについては、同じ建物内

■ マンション管理のしくみ

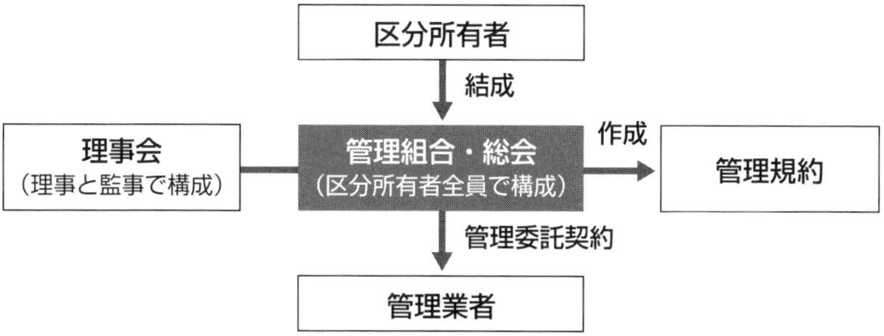


※総会は、区分所有法では「集会」と表現されている

の各部屋を異なる人が所有するという特徴があるため、マンション独自の「区分所有」というルールが必要になります。**区分所有**とは、マンションのうちの区分された部分の所有権（**区分所有権**）を有していることをいいます。マンションの分譲を受け、マンションを区分所有している人を**区分所有者**といいます。

マンションには「専有部分」と「共用部分」があります。専有部分と共用部分の区別をどうするか、共用部分を管理するための費用をどのように区分所有者間で分担するかなどの事項を決めるために、マンションごとのルールを管理規約で定めることが必要です。

**・専有部分とは**

区分所有権の目的となっているマンションの各部屋を**専有部分**といいます。専有部分といえるためには、構造上も利用上も独立性を備えていることが必要です。構造上の独立性とは、壁、扉、床、天井によって他の部分から遮断されていることです。利用上の独立性とは、その部分を区分所有者が個々に独立して利用できることです。

**・共用部分とは**

所有者が専有部分を使用する際に、他の区分所有者と共同で使用すべき部分を**共用部分**といいます。共用部分は、法定共用部分と規約共用部分に分けられます。**法定共用部分**とは、①玄関ホール、廊下、屋上、内外壁、バルコニー、エレベーターホールなど、専有部分以外のマンションの部分や、②電気設備、ガスの配管、エレベーター設備、給排水設備など、専有部分に属さないマンションの附属物のことです。**規約共用部分**とは、集会所や管理人室など、構造上・利用上の独立性があっても管理規約により共用部分とされた部分のことです。

共用部分は、管理規約の定めがない限り、区分所有者が専有部分の面積に基づく割合（持分）で共有します。共用部分については、区分所有者に共同で使用する権利がある反面、持分に応じて、その管理について費用や労力を提供し、固定資産税を支払う義務があります。

# 2 マンションの管理方法について知っておこう

集会の開催や規約の制定といった方法で管理する

## 管理はどのように行われるのか

マンションの管理方針などは**集会（総会）**で決定します。マンションの区分所有者は、管理組合の組合員（構成員）となります。区分所有者の意思を確認するために、区分所有法では、集会を年１回以上開催することを義務付けています。この集会で、区分所有者の意思を確認し、重要な管理方針などを決定します。

また、共用部分はもちろん専有部分の使用などについても、あらかじめルールを作り、区分所有者や賃借人に知らせておけば、マンションの管理に関するトラブルを防止し、公正な管理ができるようになります。そこで、区分所有法では、管理組合として区分所有者や賃借人が守るべきルールを作ることを認めています。このルールを**規約（管理規約）**といいます。規約の効力は、管理組合が管理をする共用部分だけでなく、専有部分にも及びます。また、敷地や駐車場といった附属施設の使用などについても規約を作ることができます。

本来であれば、マンションの管理は区分所有者が全員で行うべきものです。しかし、大勢の区分所有者が直接管理に携わることは実際には困難です。そこで、集会の決議によって管理者を選任し、管理者に共用部分の管理を任せることが認められています。選任された管理者は、すべての区分所有者を代理して職務を行います。また、区分所有法には、管理者の資格について制限を設けていないため、区分所有者以外の者を管理者に選任することも可能です。もっとも、実際には管理組合の理事長が管理者になることが多いようです。

## 管理組合を法人化する利点

原則として、管理組合の名義で金融機関に口座を開設することはできません。そこで、管理組合の修繕積立金などのお金は、理事長名義の個人口座に入れて保管することがよくあります。しかし、個人口座に管理組合のお金を保管しておくと、口座名義人である理事長などが勝手に使ってしまう危険性があります。

そこで、管理組合名義の口座を開設する方法として**管理組合の法人化**があります。法人とは、人間ではないが、生きている人間と同じように、法律上の権利義務の主体として認められた存在のことをいいます。株式会社や学校法人が、法人の代表的な例です。そして、法人化された管理組合のことを**管理組合法人**といいます。管理組合法人が成立した場合は、管理者を置くことができなくなります。区分所有法の定めにより、管理者の役割を理事が担うことになるからです。

管理組合が法人になった場合には、管理組合法人名義の口座の開設はもちろん、金融機関から管理組合法人名義で修繕金などの借入れを行うことができるようになります。また、管理組合法人については必ず登記がなされますので（登記をしないと管理組合法人になることができません）、取引の相手方に対し、管理組合の存在を公的に証明することができ、安心感を与えることができます。

このように、管理組合の法人化により、組合員の個人財産との区別が明確になり、理事長などの不正を防止することができます。また、管理組合が訴訟などを行う場合、法人化していれば、理事長などの個人名義で行う必要がなく、その負担も軽減できます。

しかし、登記をする必要があるなど、法人化をするための手続きが煩雑であることや、管理組合法人の役員が代わった際に、登記の変更や印紙代の支払いなど、手間や費用が必要になることは、おさえておく必要があります。

# 3 総会について知っておこう

最高の意思決定機関。定期総会と臨時総会がある

## 総会の組織はどのようになっているのか

管理組合は、総会、理事会、役員（理事長、理事、監事など）、その他の組合員で構成されます。**総会**はすべての組合員が参加する最高意思決定機関です。理事会は、理事長（理事長も理事に含みます）とその他の理事で構成され、総会の決議をもとにマンションの管理方針を決定します。監事は、管理組合の業務や財産についてのチェックを行います。監事が理事の不正行為などを発見したときは、理事会に報告しなければなりません。通常は、マンションの区分所有者が持ち回りで理事や監事の役割を担います。

なお、国土交通省が定めている**標準管理規約（マンション標準管理規約）**には、暴力団員等（暴力団員または暴力団員でなくなった日から５年を経過しない者）など、役員になることができない者（欠格事由）について列挙しています。多くのマンションでは標準管理規約を参考にして管理規約を設けています。

マンションの管理・使用についての重要な事項は、組合員（区分所有者）全員で構成する総会で決めます。総会では、決算報告や予算案の承認、長期修繕計画についての決議などを行います。総会では、マンション管理にとって重要な事項を決定するので、総会に出席した人が納得するまで議論をしてから決議を行うことが必要です。

区分所有法では、管理者が選任されている場合には、管理者が総会を招集すると定めています。標準管理規約では、理事長を管理者としているので、この場合は理事長が総会を招集します。なお、管理組合法人では、理事に代表権が与えられるため、理事が総会を招集します。

## 定期総会と臨時総会がある

総会には、定期総会と臨時総会があります。**定期総会**は年に一度開く総会で、おもに年度ごとの決議が必要な事項について総会で話し合いと決議がなされます。たとえば、予算については１年につき１回必ず総会で決議することが必要なので、定期総会での議題になります。

総会における議題に関する議決について、区分所有法では「区分所有者および議決権の過半数で決する」のを原則とすることを定めています。これを**普通決議**といいます。しかし、管理規約により、普通決議について異なる決議要件を設けることが可能です。そのため、多くの管理規約では、標準管理規約が定めている「議決権の過半数で決する」という決議要件を採用しているようです。この「議決権」をどのような基準で決めるかについては、組合員が所有する住戸１戸につき１つの議決権とする管理規約の他、専有部分の面積または価値に応じて議決権を定めるという管理規約も見られます。

これに対して、**臨時総会**では、急を要する事項について決議がなされます。たとえば、理事の一人がマンションから退去することになったために理事の人数が足りなくなり、新しく理事を一人選任する必要がある場合や、緊急に管理規約の改正が必要になった場合、緊急に設備を修理・新設するために総会の決議が必要になった場合などに、臨時総会が開催されます。

通常は、定期総会の開催によって、マンション管理のために必要な事項についての決定がなされます。しかし、突発的にマンション管理についての問題が生じることがあり、そのような場合には、迅速に臨時総会を招集して決議を行うことが必要です。

## 管理組合の総会で決議する事項

総会の決議事項には、前述した普通決議によって決めることができる**普通決議事項**と、普通決議よりも厳しい特別多数によって決めなければならない**特別決議事項**があります。特別多数の内容は、決議事項ごとに異なります。普通決議事項としては、共用部分の管理、区分所有者が共有する敷地や付属施設の管理、共同の利益に反する行為の停止請求の訴え提起などがあります。特別決議事項としては、共用部分の変更、管理組合の法人化、管理組合法人の解散、建替え決議、マンション敷地売却決議、管理規約の設定・変更・廃止などがあります。

総会で決議すべき事項の中でも、とくに重要なものは特別決議事項とされています。決議事項ごとに必要とされる決議要件が異なっていますので、総会での決議事項が普通決議事項か特別決議事項なのかを事前に確認しておくことが必要です。

総会での決議事項は、マンションの各部屋の住人（区分所有者）にとって重要な事項を内容としていることも多く、住人が積極的に関心をもつことが理想です。しかし、実際のところ、総会の運営にあまり興味がないという住人もおり、総会の開催に支障が生じます。管理規約に定足数を定めているマンションの場合では、最悪の場合、定足数を満たさず、総会を開催できない可能性も生じます。そのため、理事を中心として、総会に関心をもってもらえるように、マンションの住人に働きかける活動をすることも必要です。

### ■ 総会の招集権者

原則として管理者が招集できる
（管理組合法人の場合は理事が招集できる）

↓ ただし

規約に定めがあればその定めに従う

↓ また

標準管理規約では理事長に招集権限が認められている

# 4 理事会について知っておこう

## 理事会は理事全員で構成される機関

### 理事会とは

区分所有法では、法人でない管理組合について、理事や監事を選任する義務を課していません（管理組合法人では理事や監事の選任義務が課されています）。しかし、国土交通省が定める標準管理規約（マンション標準管理規約）において、理事や監事を置くとの定めがあることから、多くの管理組合では、管理規約に基づいて数名の理事や監事が選任されています。**理事**は管理組合の業務を行い、**監事**は管理組合の財産や理事の業務を監督します。

**理事会**は、理事の全員で構成される機関で、管理規約に定められた事項を決定することができます。理事会は区分所有法が定めている機関ではなく、標準管理規約で設置が定められている機関です。理事会には、理事会の構成員である理事に加え、監事も出席することが基本です。理事会では、管理組合の運営状況について担当理事が報告を行い、業務執行などについて協議するとともに、必要な事項について決議を行うこともできます。ただし、大規模な修繕工事などは、区分所有法の定めにより、総会の決議が必要になります。

また、理事会は総会に提出する議案を作成する機関でもあります。たとえば、マンションの備品が故障・汚損した場合に、長期の修繕計画案を総会に提出するのは理事会の役割です。さらに、総会で決議された事項を実行することも業務のひとつです。たとえば、住民が管理規約や使用細則に違反した場合に警告や注意を行うことができます。なお、平成28年に標準管理規約が改正され、理事や監事として、弁護士や建築士などの外部専門家を選任することが可能になりました。

## 理事長は管理組合の代表者である

標準管理規約において、**理事長**は、理事会の議長であって、管理組合を代表する者（代表者）であるとともに、区分所有法が定める管理者として位置付けられています。理事会の役員（理事・監事）は、総会において選出され、理事長は理事の中から互選により選任されるとするのが一般的です。また、理事長を補佐し、理事長が欠けたときはその代わりとなる者として、同じく理事の中から互選により副理事長を選任することもあります。

理事長のおもな職務上の権限と義務として想定されるものとして、以下のものがあります。なお、理事会の承認に基づき、職務上の権限と義務を他の理事に委任することが可能です。

**① おもな職務上の権限**

**・共用部分の保存行為を行う権限**

保存行為とは、日常の簡単な修繕や施設の点検といった現状を保つために必要な行為のことです。

**・管理組合の総会（集会）の招集と議事の進行**

区分所有法が定める管理者の義務として行います。総会は毎年１回以上招集しなければなりません。また、総会の議長として議事の進行を担当します。

**・管理組合の代表権**

管理会社や修理業者など、外部の組織や個人との間で、管理組合の代表権を与えられた代表者として、交渉を行ったり、契約を締結したりします。外部の組織や個人との間でトラブルが生じたときも理事長が対応します。なお、内部の取り決めにより、理事長の代表権に制限を加えることが可能です。しかし、外部から代表権の制限について判断することは困難ですから、代表権に加えた制限を事情の知らない第三者には主張できないとされています。

### ②　おもな職務上の義務

・**報告義務**

理事長は、毎年開催される定期総会（通常総会）で、管理組合の業務の執行に関する報告をする義務があります。

・**閲覧義務**

管理規約や議事録などを保管し、利害関係人から請求があった場合に閲覧させる義務があります。

・**善管注意義務**

区分所有法が定める管理者として通常要求される程度の注意をして職務にあたる義務を負います。この善管注意義務を怠って区分所有者に損害を与えたときは、これを賠償する責任を負います。

## 理事はどのような役割を担っているのか

理事の役割は、マンションの管理のために必要な業務を行うことです。おもな業務として、管理規約の改正があります。総会で決議すべき管理規約の改正については理事が原案を作成します。住民からの苦情処理、要望の受付や、マンション内のイベントの運営なども行います。住民同士の交流の場を作ることは、マンションで生活する上で必要なことです。その他、理事は、管理組合に対して著しい損害を及ぼすおそれがある事実を発見した場合は、直ちに、その事実を監事に報告する義務を負っています。

## 監事はどのような役割を担っているのか

監事の役割は、管理組合の業務執行や会計処理が適正・公正に行われるように、理事会などを監視することです。監事は、管理組合の業務執行や財産の状況を監査し、その結果を総会に報告する義務があります。管理組合の業務執行や会計処理に不正があると認める場合は、臨時総会の招集もできます。監事は、いつでも理事や職員に対して、業務の報告を求めることや、業務や財産の状況を調査することができます。また、理事が不正行為などをしていると認める場合には、すぐに理事長に報告しなければなりません。

さらに、必要がある場合には、理事長への報告にとどまらず、理事会の招集請求もできます。請求したのに理事長が理事会を招集しない場合には、監事が自ら理事会の招集もできます。また、監事には理事会に出席する権利があり、必要があるときは理事会で意見を述べることもできます。ただし、監事は理事会とは別個独立した機関で、理事会の構成員ではないため、理事会に出席しても決議に加わることはできません。あくまでも理事会の運営や決議内容の監視を目的として理事会に出席することになります。

## 役員の任期はどのくらいが適当か

法人でない管理組合の役員の任期は、法律で期間が定められているわけではなく、それぞれのマンションの管理規約で定めることができます。長すぎても短すぎてもマンション管理の点でふさわしくないので、管理組合の役員の任期は２年程度とするのがよいでしょう。任期を１年とすると、定期総会ですべての役員が改選され、役員が全員交代することになり、理事会としての活動が停滞する可能性があるからです。そのため、役員の任期は２年とし、１年ごとに半数ずつを改選するのが適切です。多くのマンションの管理規約では、役員の任期は２年程度とされているようです。この方法であれば、役員の半数は前期の活動内容を知っていることになるので、理事会としての活動を継続的に行うことができます。

なお、理事長の任期も管理規約で２年程度と定められている場合が多いようですが、理事長の任期は１年が適切とされています。理事長を同じ人が何年も続けると、能力のある人でも何らかの問題が生じるため、理事長は１年を目安として交代で務めるべきでしょう。

## Q 外部専門家を理事や監事に選任するときの注意点について教えてください。

A 平成28年にマンション標準管理規約が改正され、マンション管理において外部専門家を活用する方法として、外部専門家を理事会の役員（理事長を含む理事および監事）に選任することを可能とする内容の規定が設けられました。そして、外部専門家を役員に選任する場合、具体的な選任方法については、細則で定めるものとしています。外部専門家としては、建築士や弁護士が念頭に置かれていますが、役員として選任された際には、持っている専門的な知識やスキルを活用して、これまで以上に適正なマンション管理を実現することが期待されています。

そのため、管理組合としては、役員になった外部専門家が、その期待された能力を発揮してマンション管理を適正に行っているのか、そして、マンションの財産的価値を最大化することに貢献しているのかを確認しなければなりません。

マンション標準管理規約の改正とともに、**マンションの管理の適正化に関する指針**（232ページ）も改正されました。この指針の改正では、マンション管理の適正化の基本的方向として、外部専門家が管理組合の役員や管理者に就任する場合に、マンションの区分所有者などが、役員や管理者の選任や業務の監視などを適正に行うとともに、監視・監督の強化のための措置などを講じることで、適正な業務運営を担保することが重要であることが定められました。管理組合は、細則を設けて、外部専門家の監視・監督体制を整える必要があります。

また、管理業務の委託や工事の発注については、利益相反などに注意して、適正に行われる必要があります。上記の指針の改正では、外部専門家が管理組合の管理者や役員に就任する場合には、マンションの区分所有者などから信頼されるような発注ルールの整備が必要であることも定められました。

**Q** 修繕業務の委託を検討していたところ、役員の１人が「私が代表を務める修理会社に任せてほしい」と申し出てきたのですが、委託してよいのでしょうか。

**A** マンション標準管理規約では、①役員が自己もしくは第三者のために管理組合と取引をしようとする場合、または、②管理組合が役員以外の者との間において管理組合と当該役員との利益が相反する取引をする場合には、理事会において、当該取引に関する重要な事実を開示し、その承認を受けなければならないと定めています。そして、①または②のいずれかに当てはまる取引のことを「利益相反取引」といいます。利益相反取引は、管理組合にとって経済的不利益を受けるなどのデメリットが生じる可能性があるのに対し、役員にとって経済的利益を受けるなどのメリットが生じる可能性がある取引である、という特徴を持っています。

管理組合の役員は、マンションの資産価値を維持・向上させなければならない立場にあるため、管理組合の利益を犠牲にして、自分自身または第三者の利益を図ることがあってはなりません。たとえば、理事長がひいきにしている会社が、通常よりも高額で修繕工事を請け負うために、多額のリベートを理事長に渡していたような場合には、管理組合に経済的損失を与えます。しかし、他の会社よりも低額で修繕工事を発注できるなど、管理組合が経済的利益を受ける場合もありますので、利益相反取引が一律に禁止されているわけではありません。

そこで、役員が利益相反取引を行おうとする場合には、理事会の承認が必要なものと定めておくことで、利益相反取引により管理組合が不測の損失を受けることを防ぐようなしくみを整えることが求められています。

なお、管理組合の役員に、弁護士などの外部専門家が就任することが可能になっていますが、利益相反取引に対する管理組合のチェック機能が適正に働くことも、役員に外部専門家を活用する際に期待されているところです。

また、マンション標準管理規約では、理事会の決議について特別の利害関係を有する理事は、当該議決に加わることができないと定めています。ここにいう「特別の利害関係を有する理事」の代表例が、前述した①または②の利益相反取引をしようとしている理事です。したがって、利益相反取引の承認について決議をする際には、利益相反取引に関係がある理事を一時的に退席させるなどして、議決に加わらせないしくみを整えておく必要があります。

管理組合が、修繕業務を委託する相手として、役員の１人が「自身が代表を務める修理会社に委託したい」と申し出てきた場合、管理組合の出費により、役員が代表を務める修理会社は経済的利益を受けることになりますので、この修繕業務の委託契約は利益相反取引にあたるものと考えられます。したがって、理事会の承認を受けなければ、役員が代表を務める修繕業者に委託することはできません。

## ■ 利益相反取引に対する規制

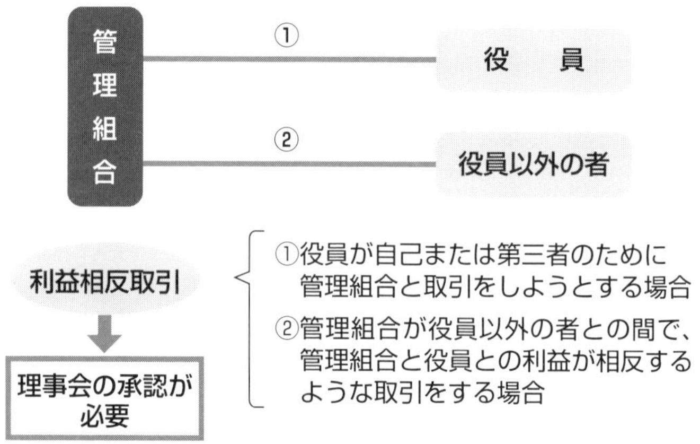

# 5 マンションをめぐる主要な法律をおさえておこう

区分所有法やマンション建替え等円滑化法などの法律がある

## マンションに関わる法律

マンションについては、そこに多くの人が居住するなどの特殊性があることから、法律や指針などが整備されています。民法や区分所有法の他にも、「マンションの管理の適正化の推進に関する法律」「マンションの建替えの円滑化に関する法律」などがマンションに関する法律です。また、管理規約を設ける際の指針として、国土交通省が「マンション標準管理規約」を公表しているなど、法律以外にも各種の指針・マニュアルが発表されています。以下では、マンションをめぐるおもな法律について見ていきましょう。

## 区分所有法とはどんなことを規定している法律なのか

**区分所有法**は、正式名称を「建物の区分所有等に関する法律」といいます。マンションを対象とするケースが多いことから、区分所有法は「マンション法」とも呼ばれています。

区分所有法は、マンション内を区分して各部分の権利関係を明らかにし、マンションや敷地などの共同管理に関するルールを定める法律です。たとえば、マンションの各部屋の購入者（区分所有者）などが居住する「専有部分」や、建物の外壁、玄関、廊下、エレベーター、駐車場などの「共用部分」についての権利関係を定めています。

また、とくに分譲マンションは、複数の居住者が１棟のマンションの設備などを共同して利用することになるため、マンションを共同で管理していく必要があります。マンションの敷地の利用権についても同様に規定することが重要です。区分所有法では、マンションやその敷地などを共同で管理するための組織である管理組合について、その運営などをするためのルールも定めています。

マンションは年数経過にあたり劣化していくため、さまざまな修繕工事、復旧工事、場合によっては建替え工事が必要になります。区分所有法では、マンションに不具合が生じた際のトラブルを防ぐため、不具合の規模に応じた区分所有者の対応方法も定めています。

## マンション建替え等円滑化法とは

**マンション建替え等円滑化法**は、正式名称を「マンションの建替えの円滑化等に関する法律」といいます。マンションの建替えを円滑に進めるための制度の整備を目的としています。

おもな内容は、マンション建替え事業のための組合（マンション建替組合）を設立することで、個人ではなくマンション建替組合がマンション建替えのための活動ができる「マンション建替組合の設立」、権利変換計画により、建替え前のマンションに対する権利を建替え後のマンションに移行できる「権利変換のしくみ」、建替えに反対する者がいる場合、マンション建替組合による権利の買取りを可能とする「反対者からの権利の買取り」、建替え事業を行う場合などに、区分所有者に対し代わりの住宅を確保するなどの居住安定のための措置を講じる「区分所有者への居住安定措置」です。

この法律は、平成26年改正により、マンションの建替えをスムーズに行うことを目的とし、耐震性不足の認定を受けることで、多数決によるマンションや敷地の売却（マンション敷地売却）が可能になる他、容積率の緩和特例の適用を受けることも可能になりました。さらに、令和２年改正では、外壁の剥落などにより危害が生ずるおそれがあるとの認定を受けた場合も、マンション敷地売却や容積率の緩和特例の対象に含まれました。また、容積率の緩和特例は、バリアフリー性能が確保されていない場合も対象に含まれるようになりました。

## マンション管理適正化法とは

**マンション管理適正化法**は、正式名称を「マンションの管理の適正化の推進に関する法律」といいます。マンション管理組合が適正に運営され、マンション管理業者の資質が一定程度保証されることで、健全なマンション管理を推進し、良好な居住環境を確保することを目的としています。

この法律は、マンション管理の適正化に関する指針の作成・公表やマンション管理業者の登録制度など、マンション管理の全般について規定しています。指針においては、管理組合による適正な管理を促すために、管理組合の運営や長期修繕計画など、具体的な管理のあり方について定めています。指針については、平成28年の改正で、「管理組合が留意すべき事項」に、コミュニティ形成の積極的な取り組みや、役員などに外部専門家を活用する場合の留意事項が明記されました。

その他、マンション管理適正化推進センターの業務内容や、国土交通大臣がマンション管理適正化推進センターの指定を行うことなどについて定めています。そして、マンション管理業者に対する行政処分の基準を示していることや、登録を受けずにマンション管理業を営んだ者や、虚偽報告をすることでマンション管理業者の登録を受けた者などに対する罰則を定めているのも特徴のひとつです。

なお、令和２年のマンション管理適正化法の改正で、地方公共団体が、管理組合に対しマンションの管理適正化のための指導・助言などを行ったり、適正な管理計画を有するマンションを認定（管理計画認定）することができる制度が新設されています。

## 被災マンション法とは

**被災マンション法**は、正式名称を「被災区分所有建物の再建等に関する特別措置法」といいます。マンションが震災などで被害を受けた場合に、敷地所有者の多数決で再建などを決定できることを定めた法律です。マンションが全壊した場合は、敷地所有者の全員の同意がなければ、新しいマンションを建築できないのが原則です。しかし、それでは迅速で円滑な再建が困難になるため、被災マンション法により再建をしやすくしています。たとえば、震災などの政令で定める災害によりマンションが全壊した場合は、再建決議を目的とする集会で、敷地共有者の議決権の5分の4以上の賛成があれば、マンションの再建ができることを規定しています。

さらに、平成26年改正により、マンションの大規模一部滅失の場合に、マンションの取壊しと敷地の売却を決議できる制度が創設されました。あわせて、全壊したマンションの敷地の売却を決議できる制度も創設されています。いずれの決議も、震災などの政令で定める災害によるマンションの全壊や大規模一部滅失の場合であり、敷地共有者の議決権の5分の4以上の多数による賛成が必要です。

## 民法を参照することも必要

マンションをめぐっては、さまざまな法律がありますが、それらの法律に規定されていない事項には**民法**が適用されます。民法は、契約を締結する場合の基本となる事項を規定しています。たとえば、マンションの分譲は売買契約ですから、民法の売買に関する規定を参照することが必要です。また、マンションの清掃や修繕を業者に依頼する場合は、業者と請負契約を締結することになるので、民法の請負に関する規定を参照することが必要です。

その他にも、専有部分を複数の者で共有する場合、隣地との境界争いが生じた場合、居住者の不法行為（故意または過失によって他人に損害を与えること）による損害賠償が問題となる場合なども、関連する民法の規定を参照することが必要です。

## 建物の構造や用途などを規制するのが建築基準法

**建築基準法**は、街の景観や建物の安全のために、建物の構造や用途などについて一定の規制をしている法律です。マンションの建替えにおいても建築基準法の規制が及びます。おもな規制は次のものです。

**①　容積率の規制**

容積率とは、建物の延べ面積（すべての床面積の合計。「延べ床面積」ともいう）の敷地面積に対する割合のことです。つまり、容積率は「(延べ面積÷敷地面積）×100」となります。容積率は市区町村によって土地ごとに決められています。マンションの建替えの際に容積率を考慮しないと、容積率の制限によって、計画より建替え後のマンションの規模が大幅に小さくなるという事態があり得ます。

**②　建ぺい率（建蔽率）の規制**

建ぺい率とは、建物の建築面積（建物の外壁またはそれに代わる柱の中心線で囲まれた部分の水平投影面積）の敷地面積に対する割合のことです。つまり、建ぺい率は「(建築面積÷敷地面積）×100」となります。マンションの場合は、原則として、各階でもっとも外に突き出した部分の中心を結んだ部分の内側が建築面積になります。

容積率と異なり、建築面積は100%を超えることがありません。これに対し、容積率と同様に、建ぺい率も市区町村によって土地ごとに

**■ 建ぺい率と容積率**

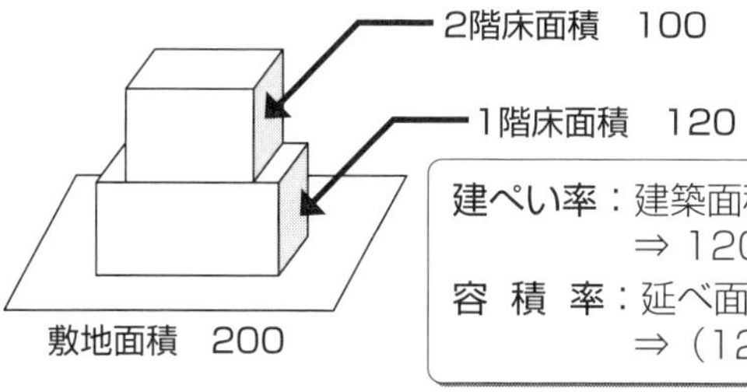


建ぺい率：建築面積÷敷地面積
⇒ 120÷200＝60%

容 積 率：延べ面積÷敷地面積
⇒ (120＋100)÷200＝110%

決められています。マンションの建替えの際に建ぺい率を考慮しないと、建ぺい率の規制が以前より厳しくなっていたため、建替え後のマンションの各階あたりの面積が狭くなったという事態があり得ます。

③　**高さの規制**

住宅街においては、住環境を維持するために、建物の高さが10mまたは12mに制限されていることがあります。これを絶対高さの制限といいます。木造建物については、耐久性や耐火性の観点から、その構造によっては高さが制限されます。

高さ制限としては、通風や日照を確保するための斜線制限もあります。たとえば、道路の通風や日照を確保するための道路斜線制限、隣地の建物の通風や日照を確保するための隣地斜線制限、北側にある建物の通風や日照を確保するための北側斜線制限があります。

もう一つ、中高層建築物によって近隣の敷地に生じる日影を抑えるための規制である日影規制もあります。

④　**建築確認**

建物を新築・増築・リフォーム（改築）などをする際には、多くの場合、着工前に建築確認申請を提出し、確認済証の交付を受けることが必要なので、建築確認の対象となるか否かの事前確認が必須です。

## その他の法律

**消防法**は、火災の予防・警戒・鎮圧に関する規定を置いて、国民の生命、身体、財産を火災から保護するとともに、火災や地震などの災害が原因になる被害を軽減することを目的とする法律です。消防法では、消防用設備などの設置義務がある防火対象物のひとつとして「共同住宅」を挙げており、この共同住宅にマンションも含まれます。

**都市計画法**は、都市計画の内容、都市計画の決定手続、都市計画制限、都市計画事業などに関する規定を置いて、都市の健全な発展・整備を目的とする法律です。

## Q マンションの専有部分と共用部分について、それぞれ管理を行う義務は誰が負っているのでしょうか。

**A** マンションを大きく分けると、マンションの持ち主（区分所有者）が単独で利用できる各人の居住部分（専有部分）、エレベーター、廊下、玄関、階段など、マンションの持ち主すべてのための設備や施設など（共用部分）があります。これらに加え、マンションが建っている土地（敷地）もあります。専有部分は各々の区分所有者が管理し、共用部分と敷地は管理組合が管理します。マンションの施設や設備などが専有部分にあたるのか、共用部分にあたるのかの区別をつけておかないと、それを管理する者がはっきりせず、トラブルが起きたときに管理責任をめぐって争いになる可能性があります。

### ●壁の表面部分は専有部分

マンションの各部屋は専有部分だとしても、部屋にある壁のどこまでが専有部分に含まれるのかについては、さまざまな考え方があります。おもな考え方として、①壁の中心部分までを専有部分とする考え方、②壁や天井などで囲まれた空間部分を専有部分とする考え方、③壁や天井などの表面部分（上塗り部分など）までは専有部分に含まれるとする考え方があります。実務上は、③の考え方を基準とすることが多いようです。

### ●マンション標準管理規約における区別

共用部分と専有部分の区別についての詳細は、マンション標準管理規約が定めています。専有部分に含まれるものとして、マンション標準管理規約７条では、①住戸番号を付した住戸、②天井・床・壁は躯体部分を除く部分、③玄関扉は錠と内部塗装部分を挙げています。しかし、窓枠や窓ガラスは専有部分に含まないと定めていますので、マンション標準管理規約の定めに従うと、各部屋の持ち主は、事前に理事長の承認を得ることなく、勝手に窓ガラスの交換ができないことになります。

これに対し、マンション標準管理規約８条・別表第２では、共用部分に含まれるものとして、エントランスホール、廊下、階段、エレベーター設備、電気設備、給水設備などを挙げています。管理規約が改正前のマンション標準管理規約を参考にしている場合には、規定内容の見直しを行うのがよいでしょう。

**●専用使用権とは**

共用部分は、マンションの区分所有者（持ち主）すべてのための施設ですから、原則として、個々の区分所有者が勝手に共用部分を利用することはできません。しかし、建物の共用部分を独占的に使用できる例外的な場合もあります。共用部分を特定の区分所有者だけが使用できる権利のことを専用使用権といいます。たとえば、駐車場やバルコニーなどが専用使用権の対象になります。

専用使用権は、マンションの分譲のときに専用使用権を設定する契約をした場合、管理規約の定めがある場合、集会などの住民同士の話し合いで専用使用権を認めた場合に発生します。

## ■ 壁についての専有部分と共用部分の区別 ………………………

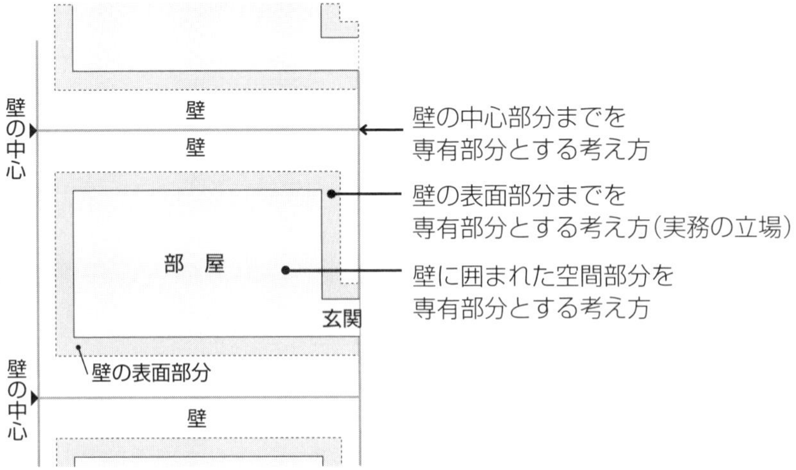

## Q 管理規約や使用細則にはどんなことを定めるのでしょうか。

A 管理規約（区分所有法では「規約」と表現している）とは、マンションやその敷地、付属施設などの管理や使用について、区分所有者が自主的に定めたルールのことです。マンションに対しては、区分所有法をはじめとするさまざまな法律が適用されます。しかし、さまざまな法律が存在しているとしても、マンションで起こるすべての問題について、あらかじめ法律で規制するのは不可能です。マンションにおいて生じる問題は、各々のマンションで異なってくるからです。たとえば、騒音問題をとっても、マンションの構造によって壁や天井の防音性能が変わってくるので、マンションごとに異なる管理規約が必要になります。

そこで、区分所有法では、マンションごとに独自の管理規約を作る権限を認めて、円滑なマンションの管理や管理組合の運営ができるようにしています。そして、管理規約を作る際の指針となるのが、国土交通省が公表しているマンション標準管理規約です。

### ●管理規約の効力について

区分所有法と管理規約の内容が矛盾する場合には、管理規約で区分所有法と異なる定めを作ることを認めている事項を除き、原則として、管理規約の定めが無効になります。区分所有法の中には、管理規約の定めによる例外を一切認めていない事項もあることに注意を要します。たとえば、「マンションの建替え決議で必要とされる要件（区分所有者と議決権の各５分の４以上の賛成）を緩和し、普通決議（区分所有者と議決権の各過半数の賛成）でも可決できる」とする規約は無効です。

しかし、区分所有法などの法律と矛盾しない限り、管理規約の内容は、総会（集会）の決議により自由に決めることができます。

たとえば「ペットの飼育を禁止する」「民泊への使用を禁止する」

といった定めを作ることもできます。ただし、公序良俗（社会の一般常識）に反する管理規約の定めは許されません。たとえば、「子どもが生まれた場合は、マンションから退去しなければならない」という定めは、公序良俗に反するので無効です。

### ●使用細則とは

共用部分の管理などについて定めたルールとして、管理規約の他に**使用細則**と呼ばれるものがあります。マンションにおけるルールは管理規約で定められますが、管理規約では定めきれない細かいルールは使用細則で定められます。たとえば、ペットの飼育方法、駐車場・倉庫の使用方法などについて定めることがあります。マンション内で生じる細かい問題については、使用細則を用いて解決を図ることが多いです。

管理規約の制定・変更・廃止については、総会の特別決議（区分所有者および議決権の各４分の３以上による決議）によって定める必要があります。しかし、マンション標準管理規約を利用する場合、使用細則の制定・変更・廃止については、総会の普通決議（原則として区分所有者と議決権の各過半数による決議）によって定めることができます。

### ■ 管理規約の効力

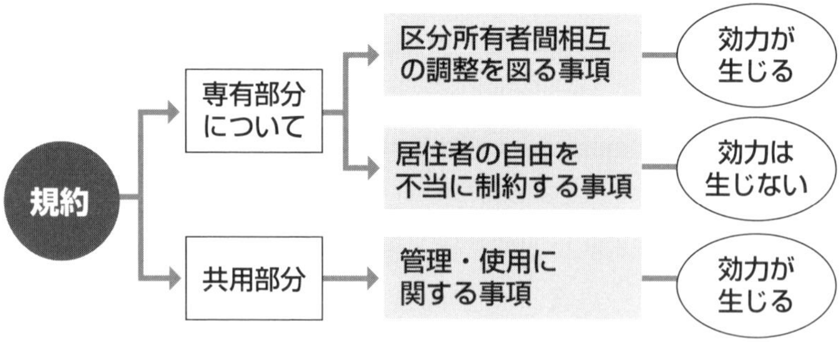

# 6 管理費負担の取り決めはどうなっているのか

## 管理費の未納者に対しては法的措置も検討する

### 管理費とは

**管理費**とは、マンションを維持するために必要となる費用です。マンション内において、購入者（区分所有者）が生活する居住部分を専有部分といいますが、専有部分を除いたマンションの設備や施設などはすべて共用部分となり、原則として、すべての区分所有者で共用部分を共有することになります。管理費は、おもに共用部分を維持するために利用されます。

マンションを維持するために利用される費用は、管理費の他に**修繕積立金**があります。管理費と修繕積立金は利用される用途が異なり、管理費は、おもに日々のメンテナンスに対して利用されます。たとえば、エレベーターの動作点検、通路・階段・屋上の清掃、管理業者への委託、管理組合の運営などに利用されます。管理費の高いマンションは、その代わりに万全な警備体制や行き届いた清掃など、居住者が快適に生活できる環境が提供されることが期待されます。なお、修繕積立金は、管理組合が定める長期修繕計画に基づき、長期的で規模の大きい修繕や改修などのために利用されます。

月々の管理費の負担は、通常、分譲時の契約や管理規約で決まっています。たとえば、マンションの分譲契約時には、ほとんどの契約書に「○○号室の管理費は○○円とする」などと記載されています。もし管理費の負担について決まりがない場合は、区分所有法の定めに従います。区分所有法では、管理費の負担は、原則として各区分所有者の専有部分の床面積の割合によって決まるとしています。この場合は、部屋が広い住民ほど多くの管理費を負担することになります。

## Q 管理費を使って住民の交流イベントを行おうと思っているのですが、反対者もいます。問題になるのでしょうか。

A マンション内の住民を対象とした交流イベント自体は、自由に行うことができます。しかし、そのイベントにかかる費用を管理費から支出することは問題視されることになります。

国土交通省が公表している「マンション標準管理規約」には、管理費の利用用途が定められています。マンション標準規約は法律でないため、その内容に従うべき義務はないものの、管理組合が管理規約を定める際に参考にする規約です。平成28年のマンション標準管理規約の改正により、居住者間のコミュニティ形成に要する費用に対する管理費の利用を認めないことにしました。

管理費はマンションのすべての居住者（区分所有者）から徴収します。そのため、廊下・階段・屋上の清掃費、エレベーターの動作点検の費用、管理員の人件費、管理組合の運営費、管理業者への委託費など、居住者すべてが快適な生活を送ることを目的とした用途に利用することが必要です。

しかし、交流イベントに管理費を使った場合、イベントに参加しなかった居住者がいると、居住者間で不公平が生じます。そのため、コミュニティ形成に対する管理費の利用を認めないとしました。

以上から、マンション内で交流イベントなどの行事を行う場合は、管理費から賄うのではなく、自治会費など管理費とは別に徴収した費用によって賄う必要性が生じます。

なお、マンションの自治会や、マンションが建っている地域の町内会に入会するかどうかは、各居住者の判断に委ねられています。したがって、管理費と異なり、自治会費や町内会費を居住者から強制的に徴収することはできない点にも留意が必要です。

7

# マンションの修繕・復旧・建替えについて知っておこう

復旧や建替えは必ず集会での決議が必要になる

## 修繕はなぜ必要か

しっかりと建設されたマンションでも、時間の経過による劣化は避けられません。たとえば、外壁の塗料がはがれたり、水道管がさびて水漏れしたりすることがあります。劣化を放置すると、マンションの資産価値が落ちるだけでなく、日常の利用にも支障が出てきます。そこで、マンションには定期的な修繕が必要です。区分所有法などの法律では、「○年経過した場合は修繕しなければならない」といった義務規定はありません。修繕は管理組合の判断で決めます。

しかし、たとえば、外壁の再塗装は10～15年程度に一度といった標準的な修繕の周期があります。そこで、管理組合の対応としては、ふだんからマンション内の巡回などを行い、壁のひび割れや漏水などの修繕箇所を見つける必要があります。

また、目に見える範囲での劣化がなくても、修繕を必要とする箇所が発生している場合もあります。そこで、1年に1回程度は建築士などの専門家にマンションを調べてもらうのがよいでしょう。

なお、修繕には多くの費用がかかりますので、修繕積立金として、通常の管理費とは別に徴収します。台風や地震などの突発的な現象により被害を受け、修繕費用が急に必要となることもあるからです。

## 区分所有者が自分の判断で修繕した場合にはどうなる

専有部分の修繕については、各々の区分所有者が修繕費用を出して修繕を行います。問題となるのは、区分所有者が自分の判断で費用を出して、外壁・廊下・柱といった共用部分を修繕した場合です。

共用部分の修繕は、その形状や効用を変更するものでなければ、法律上は保存行為（23ページ）に該当します。修繕が保存行為に該当する場合、費用を出した区分所有者は、他の区分所有者（実際には管理組合）に対し、修繕にかかった費用を請求できます。この費用の負担割合は、管理規約に特別の定めがない場合には、区分所有者の専有部分（部屋）の面積に応じて決まります。したがって、広い部屋を持っている区分所有者ほど多くの費用を負担することになります。

## 区分所有者の判断による修繕を原則禁ずることもできる

修繕が必要と思っても、調べてみると修繕の必要がない箇所もあります。しかし、区分所有者の判断だけで必要のない修繕を行い、費用を請求されては、他の区分所有者の迷惑となります。

この点を考慮し、マンション標準管理規約21条では、共用部分の管理は管理組合が行うのを原則とし、緊急を要する場合を除き、区分所有者だけの判断で保存行為を行えないのを原則とすることを定めています。この定めが管理規約にあるマンションでは、原則として、区分所有者の判断だけで共用部分の修繕を行えなくなります。

なお、修繕が共用部分の形状や効用を変更するもの（共用部分の変更）であるときは、区分所有法の定めにより、区分所有者の判断だけでの修繕は行えず、集会（総会）の決議が必要となります。

## 修繕後に記録を残す

修繕が終わったら管理組合は修繕の記録を残します。マンション標準管理規約32条では、修繕などの履歴情報の整理や管理を管理組合の業務として定めています。記録を残すことは、今後の修繕の参考となる他、区分所有者に対してかかった費用を説明する際にも役立ちます。少なくとも、工事を施行した業者名、修繕箇所、かかった費用、工事の時期は必ず記録しておくようにしましょう。

## 復旧については集会の決議が必要となる場合がある

**復旧**とは、災害などの突発的な事故によりマンションの一部が滅失した場合に、滅失した部分を元の状態に戻すことです。専有部分については、各区分所有者が自己負担で復旧ができますが、問題となるのは共用部分の復旧についてです。区分所有法では、滅失部分が建物価格の２分の１以下（不動産鑑定士に時価の算定を依頼するなどして調べます）であれば、各区分所有者の判断で共用部分の復旧ができると定めています。この場合、共用部分の復旧費用は、他の区分所有者に持分割合に応じた負担を請求できます。ただし、復旧を開始する前に、総会（集会）で共用部分の復旧決議または建替え決議が行われた場合は、各区分所有者の判断による共用部分の復旧ができなくなります。また、管理規約で「復旧については総会の決議が必要」と定めている場合は、復旧前に総会を開かなければなりません。

反対に、滅失部分が建物価格の２分の１を超える場合は、必ず総会を開いて共用部分の復旧の是非を問わなければなりません。この場合の復旧決議には、区分所有者と議決権の各４分の３以上の賛成（特別決議）が必要です。この復旧決議が可決された後、復旧に賛成しなかった人（反対者と棄権者）は、賛成者に対し、専有部分と敷地利用権を時価で買い取ってもらうように請求できます。

### ■ 建替えと復旧

| | | |
|---|---|---|
| 建替え | | 老朽化・災害によりマンションを建て替えること<br>※総会の特別決議（区分所有者及び議決権の各５分の４以上の賛成）が必要 |
| 復旧 | 小規模復旧 | マンション価格の２分の１以下の部分の滅失の復旧<br>※各区分所有者が単独で共用部分の復旧可（原則） |
| | 大規模復旧 | マンション価格の２分の１を超える部分の滅失の復旧<br>※共用部分の復旧には総会の特別決議が必要 |

# 8 管理会社はどのように選べばよいのか

行政が管理する登録簿に登録されている業者かどうか確認してみる

## 管理会社とは

**管理会社**とは、マンションの点検・検査・修理や理事会運営の支援など、マンションの管理を行う会社です。本来、マンションの管理は管理組合や管理者が行うものですが、マンションは規模が大きく、点検・修理などの専門的な知識も必要です。そこで、管理会社に対しマンションの管理を委託することが行われています。

適切な管理会社を選ぶ際の注意点としては、まず、候補となる会社をいくつかピックアップした上で、それぞれに対して費用の見積書を提出してもらいます。

次に、管理会社の管理内容を調査します。調査方法としては、管理会社が管理をしている他のマンションを聞き出し、現地へ赴いて行うのがよいでしょう。ゴミ捨て場、駐輪場、ロビーなどの共用部分の様子を確認し、管理が適切になされていれば、質の良い管理会社といえます。あくまでも費用と質の両方を検討することが大切です。

マンションの分譲業者が指定する管理会社の多くは、その分譲業者と同じ企業グループです。このような立場を利用し、実費より多額の管理費を水増し請求している場合もあるので注意が必要です。徴収費用と比べて管理の質がよくないと感じる場合は、客観的にチェックしてみるのがよいでしょう。チェックの手順の例は、次の通りです。

まず、国土交通省が公表している「マンション標準管理委託契約書」を基準にして、現在の管理委託契約の内容を検討します。次に、現在の管理会社に対して説明を求めます。とくにマンション標準管理委託契約書より管理組合や管理者の側に不利な部分があれば、その理由の説明を求めます。また、定められた管理委託契約の内容を履行していない場合は、その点の説明も求めます。納得のいく説明をしない管理会社は不誠実といえるので、管理会社を変えた方が賢明でしょう。

以上のチェックの結果、管理会社の変更を決意しても、現在の管理会社から妨害に遭うことがあります。たとえば、居住者名簿の提出を拒む消極的な妨害や、住民に対し「管理会社を変えるとマンションの資産価値が落ちる」と脅すなどの積極的な妨害があります。このような行為は、独占禁止法に抵触する「不当な取引妨害」となります。このような妨害を受けた場合は、公正取引委員会（03-3581-5471）などの公的機関に相談してみましょう。

## マンション管理適正化法に基づく登録の確認も重要

マンション管理適正化法によると、マンション管理を事業として営む管理会社などは、国土交通省が管理する**マンション管理業者登録簿**に登録することが義務付けられています。したがって、利用しようとする管理会社がマンション管理適正化法に基づいて登録をしているかどうかを確認し、無登録業者と契約を締結しないことも重要です。

### ■ 管理者と管理会社

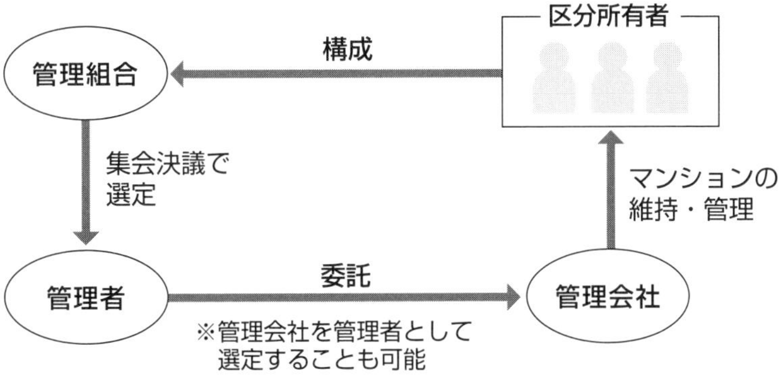

# 9 マンション購入後欠陥が見つかった場合にはどうする

買主を保護するさまざまな制度がある

## 発覚した欠陥に対して責任追及をする手段はあるのか

購入して引渡しを受けたマンションに雨漏りやひび割れなどの欠陥があるのを発見した場合、買主（購入者）は、売主（分譲業者）に対して、①履行追完請求（無償での修理を請求することなど）、②代金減額請求、③損害賠償請求、④契約解除、という４つの権利を行使することができます。これを（売主の）**契約不適合責任**（担保責任）といいます。契約不適合責任は民法の規定で認められています。

従来、マンションの欠陥については瑕疵担保責任を追及し、損害賠償請求や契約解除をすることになっていました。しかし、民法改正により、令和２年４月以降に購入したマンションについては、売主に対して、新しい制度である契約不適合責任を追及することになります。

従来の瑕疵担保責任を追及するには、問題となる欠陥が隠れた瑕疵であること（通常の点検では発見できないような欠陥であること）が必要でした。しかし、契約不適合責任を追及する場合は、欠陥が隠れた瑕疵であることを要しません。また、契約不適合責任では、特約がなくても、損害賠償請求や契約解除に加え、履行追完請求や代金減額請求ができます。

その他、マンションの欠陥については、売主が提供している「アフターサービス」を利用し、無料修理を請求ができる場合もあります。マンション購入時には、アフターサービスの有無やその内容・期間について、しっかり確認するようにしましょう。

## マンションの欠陥には４種類ある

不動産で欠陥とされるものには、物理的欠陥、法律的欠陥、心理的欠陥、環境的欠陥の４種類があります。マンション購入の際は物理的欠陥や法律的欠陥が問題になることが多いです。法律的欠陥にあたるのは、マンションの構造などが法令や条例の定める基準を満たしていない場合です。また、前の所有者が室内で自殺をしていた事実を売主が知りながら隠していたことは、心理的欠陥にあたる可能性があります。騒音や悪臭は環境的欠陥にあたる可能性があります。

## 契約不適合責任を追及できる期間の制限に注意

従来の瑕疵担保責任を追及できる期間は、欠陥の発見から１年以内でした。しかし、契約不適合責任を追及できる期間は、権利を行使できるのを買主が知った時から５年、もしくは権利を行使できる時から10年間です。これを**責任追及期間**といいます。ただし、買主は、欠陥を知った時から１年以内に、欠陥の事実を売主に通知しないと、原則として、契約不適合責任を追及できなくなります。これを**通知期間**といいます。したがって、買主は、通知期間内に欠陥の事実を告げておけば、責任追及期間内に訴訟を起こすことができます。

なお、民法の原則では、当事者間の合意で、契約不適合責任を追及しないとの特約ができます。しかし、売主が宅地建物取引業者である場合は、このような特約はできず、上記の通知期間を「引渡しから２年以上」とする特約だけが認められます。したがって、後述する新築マンションの基本構造以外の欠陥は、「引渡しから２年以内」の欠陥について修理請求などができるとしているのが一般的です。

ただし、新築マンションの場合には、基礎や柱などの構造耐力上主要な部分（耐震性や耐久性などにとって重要な部分）や屋根などの雨水の浸入を防止する部分（両者を合わせて「基本構造」という）の欠陥について、**品確法（住宅の品質確保の促進等に関する法律）**の規定により、引渡しから10年間の瑕疵担保期間が義務付けられています。この瑕疵担保期間は特約による排除ができませんから、新築マンションの基本構造に欠陥である場合、買主は、品確法に基づいて、引渡しから10年以内であれば、売主に対して契約不適合責任（品確法では「瑕疵担保責任」と表現しています）を追及できます。

## その他に買主保護のための制度はないのか

契約不適合責任以外にも、マンションの欠陥というトラブルに対処するための方法があります。以下で説明していきましょう。

**①　クーリング・オフの活用**

クーリング・オフとは、早まって契約して後悔した場合などに、書面による通知だけで、申込みの撤回や契約の解除ができる制度です。撤回や解除ができる期間は、契約内容、撤回や解除ができることなど、法令で定める事項（クーリング・オフの概要）が記載された書面を受領した日から起算して８日以内です。したがって、撤回や解除ができることを告げられていないときは、申込日や契約日から８日を経過していても、クーリング・オフによる撤回や解除ができます。

マンション購入の際には、宅地建物取引業法に基づき、売主が宅地建物取引業者で、買主が宅地建物取引業者以外の場合にクーリング・オフが可能です。新築・増改築の工事の請負契約は、特定商取引法が適用される場合を除き、クーリング・オフができないことに注意を要します。

**②　手付金等の保全措置**

マンションの登記前に、売主である宅地建物取引業者が倒産してした場合には、買主は、マンションの所有権を主張できず、支払った手付金・内金・中間金など（これらを合わせて「手付金等」といいます）も当然には戻ってこないことになり、非常に不利な立場に置かれます。そこで、売主が宅地建物取引業者の場合、手付金等について金融機関の保証などを得て、その保証書を買主に交付する、といった手付金等の保全措置の制度があります。

### ③　営業保証金・弁済業務保証金

売主が宅地建物取引業者の場合、買主（宅地建物取引業者を除く）を保護するために、宅地建物取引業者が買主に損害賠償金を支払うことになった場合に備えてあらかじめ金銭を蓄えておく、営業保証金や弁済業務保証金の制度があります。

### ④　住宅性能表示制度

住宅性能表示制度は、前述した品確法に基づいた住宅の性能を評価する制度で、新築・中古のどちらも利用できます。マンションの場合は、住戸ごとの評価と建物全体の評価の両方が行われます。この制度を利用したい場合は、登録住宅性能評価機関に申請します。申請を受けた登録住宅性能評価機関は、構造の安定、火災時の安全、劣化の軽減といった住宅の品質を等級や数値で評価します。登録住宅性能評価機関については、以下の連絡先より詳細な情報が得られます。

団体名：一般社団法人住宅性能評価・表示協会

https://www.hyoukakyoukai.or.jp/

住宅性能評価書には、設計段階の評価である設計住宅性能評価書と、施工・完成段階の検査を経た評価結果である建設住宅性能評価書があります。とくに建設住宅性能評価書が交付された住宅について紛争が生じたときは、指定住宅紛争処理機関（弁護士会などが指定されています）によるあっせん・調停・仲裁を利用できます。

## 住宅瑕疵担保履行法による欠陥住宅補償

たとえば、建築確認などの精度に問題があり、欠陥が見落とされたまま建物が新築されると、買主が多くの損害を被ります。また、売主である分譲業者が担保責任（契約不適合責任）を負うとの定めがあったところで、肝心の分譲業者が倒産すると、欠陥に対する賠償金の支払いが行われず、買主が泣き寝入りすることになりかねません。

このような問題に対処するため、住宅瑕疵担保履行法は、新築マンションの販売業者（分譲業者）などに対し、前述した「基本構造」の欠陥に対する責任履行のための資力確保として、保険加入または保証金供託を義務付けています。たとえば、保険加入していた販売業者が、基本構造の欠陥発覚後に倒産したとしても、引渡しから10年以内であれば、保険金支払いや補修・建替えが行われます。つまり、欠陥が発覚した時に備えて資金をあらかじめキープしておくので、新築マンションに欠陥が発覚しても、引渡しから10年以内であれば、買主などは、保険金を受け取ることができます。

## 中古マンションの引渡しが現況（現状）有姿とされている場合

中古マンションなどの中古建物の取引では、契約締結時から引渡しまでの間に修理すべき箇所が発生するなど、契約時の状況と引渡し時の状況とが異なる場合があります。この場合、契約書に「現況有姿のまま引き渡す」などと記載されていれば、売主は修理すべき箇所を修繕することなく、引渡し時の状況のままで買主に中古建物を引き渡すことで、売主の義務は果たしたことになります。ただし、「現況有姿」という文言が記載されていることをもって、直ちに売主の契約不適合責任が免除されるわけではないことに注意が必要です。

### ■ 品確法のおもな内容

**1** 新築マンションの基本構造 → 10年間の品質保証（瑕疵担保責任）

**2** 住宅性能表示制度

建設住宅性能評価書の発行(有料) → 指定住宅紛争処理機関によるあっせん・調停・仲裁

中古マンションの売買については、売主が宅地建物取引業者でない限り、欠陥（契約不適合）があった場合における売主の契約不適合責任を免除できます。したがって、契約書に「売主の契約不適合責任を免除する」との記載があれば、買主が購入後に欠陥を発見しても、売主が欠陥を知りながら買主に告げていなかった場合を除き、売主に対して契約不適合責任を追及できなくなります。また、売主側の仲介業者が欠陥を知っていたが告げなかったときは、売主の契約不適合責任が免除されないとともに、仲介業者に対して説明義務違反を理由とする損害賠償責任の追及ができるとされています。

ただし、単に「現況有姿」の文言のみが記載されている場合には、買主は、売主に対して契約不適合責任の追及ができます。現況有姿というのは、引渡し時までに中古建物の状況に変化があっても、引渡し時の状況のままで引き渡せばよいという趣旨であって、売主が契約不適合責任を免れることを認める趣旨ではないからです。売主の契約不適合責任の免除を認めるときは、「本契約は、現状有姿売買につき、売主は契約不適合責任を負わないものとする」などを記載し、免除を認める趣旨を明確にしておくことが必要です。

## ■ 住宅瑕疵担保履行法に基づく欠陥住宅補償のしくみ …………

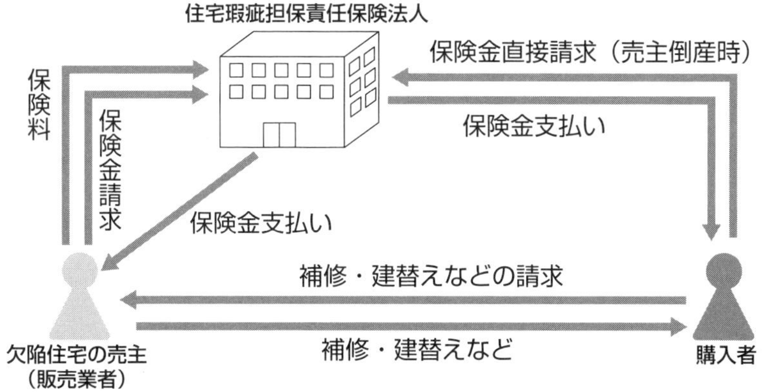

**Q マンションの外壁などの共用部分に瑕疵（欠陥）がある場合、管理組合は分譲業者に対して法的責任を問うことができるのでしょうか。**

**A** マンションの共用部分に瑕疵がある場合、管理組合は、分譲業者に対し、主として以下に基づいた請求ができます。

**・契約不適合責任（瑕疵担保責任）**

共用部分の種類・品質・数量・権利が契約した内容に適合しない場合（これを「不適合」といいます）に請求できます。共用部分の瑕疵は種類・品質の不適合にあたります。令和２年４月の民法改正に伴い、瑕疵担保責任を廃止して契約不適合責任を導入するとともに、買主により多くの権利が認められるようになりました。

不適合があると判断された場合、買主は、売主に対し損害賠償請求・追完請求・代金減額請求・契約解除の４つの権利を行使できます。請求期限は、買主が権利を行使できるのを知った時から５年、もしくは権利を行使できる時から10年です。ただし、種類・品質の不適合については、買主がその不適合を知った時から１年以内に売主へ通知しておくことを要します。契約不適合責任は令和２年４月１日以降に契約されたものが対象で、それより前の契約には瑕疵担保責任が適用されます。

**・アフターサービス契約**

引渡し後に一定の不具合が生じた場合に分譲業者が無償で修補を行う契約です。瑕疵の有無にかかわらず適用され、対象となる不具合の種類やサービス期間は契約ごとに設定されています。

**・不法行為に基づく請求**

構造に重大な欠陥があるなど、建物として基本的な安全を損なう瑕疵があるときは、不法行為を理由として分譲業者に損害賠償を請求できる場合があります。請求期限は、買主が損害などを知った時から３年または不法行為の時から20年です。

# 第２章

# 管理規約の成立と変更

# 1 マンションの管理規約はどんな効力を持っているのか

新所有者は前所有者の管理規約への承認も引き継ぐ

## 管理規約（規約）とは

マンションは、その規模、使用目的、所在地などの事情が千差万別であって、法律だけではカバーしきれない面があります。そこで、マンション管理の基本的な法律といえる区分所有法では、マンション内において守るべきルールを、それぞれのマンションの事情に合わせて作ることを認めています。この作られたルールのことを「管理規約」もしくは「規約」といいます。

管理規約は、区分所有者の集会（総会）の決議で定めたり、改正したりします。そして、法律に従い管理規約を定めた後、一部の区分所有者が自らの区分所有権を譲渡しても、新所有者（特定承継人）は、前所有者の管理規約への承認も一緒に引き継いだことになります。たとえば、管理規約が存在する中古マンションを前所有者から購入すると、否応なく管理規約を守らなければならなくなるわけです。

なお、新築マンションの場合は、管理規約を分譲業者が一方的に決めて、購入時に区分所有者全員から書面での合意を取りつける（合意しないと購入ができない）ことが多いようです。全員の書面による合意により、管理規約について集会の決議があったとみなすと取り扱うわけです。管理規約の改正は集会の決議が必要ですから、合意をする前に管理規約の内容を確認することが重要です。

## 管理規約を作るときに注意する点は

管理規約は、マンションやその敷地を維持管理するに際し、区分所有者間において共通認識を持つことを目的としています。マンションやその敷地、附属施設の管理・運営に関することについて、それぞれのマンションの事情に合わせて管理規約を定めることができます。

具体的には、①敷地に関すること（範囲、持分の割合、敷地利用権の処分方法など）、②専有部分に関すること（範囲、使用目的、使用方法など）、③共用部分に関すること（範囲、持分の割合、使用方法、管理方法など）、④管理者に関すること（選任・解任の方法、資格、権限など）、⑤管理組合に関すること（構成、運営方法など）、⑥集会の運営に関すること（招集手続き、議事進行、決議要件など）、⑦維持管理にかかる費用（共用部分の管理費、修繕積立金、金銭出納事務など）、⑧義務違反者への制裁などが挙げられます。

ただし、区分所有者以外の人の権利（囲繞地通行権など）を害するような規定（たとえば、マンションの敷地を通らなければ公道に出ることができない隣地所有者を含めて、区分所有者以外の敷地内の通行を一切禁止するなど）や、区分所有者の共同の利益に影響を与えないにもかかわらず、区分所有者個人の権利を制限する規定（たとえば、専有部分の譲渡を一切禁止するなど）を設けることはできません。

## ■ 規約で定めることができる事項と規約作成上の注意点 ………

| 規約で定めることができる事項 | 規約作成上の注意点 |
|---|---|
| ・敷地に関すること<br>・専有部分や共用部分に関すること<br>・管理者に関すること<br>・管理組合に関すること<br>・集会の運営に関すること<br>など | ・区分所有者以外の人の権利を害することはできない<br>・区分所有者間の利害の衡平に配慮した規約を作成しなければならない<br>・区分所有者の共同の利益にならない不当な権利の制限は認められない |

**Q** **ペットが禁止されていなかったマンションで、買主のマナーが悪いなどの事情から、規約にペット禁止の規定を新設することは可能なのでしょうか。**

**A** 区分所有法31条１項では、規約改正が一部の区分所有者（住民）に特別の影響を与えるときは、その人の承諾を得る必要があるとしています。したがって、後から規約にペット禁止の規定（ペット禁止規約）を設けることは可能ですが、「ペット禁止によって特別の影響がある」住民がいるときは、その人の承諾を得ることが必要です。たとえば、ペット禁止規約が「動物飼育を一切禁止する」という内容であるときは、盲導犬のようにその人の生活に不可欠なものになっている動物を飼育する視覚障害者の承諾が必要です。

次に、ペット禁止規約の効力についてですが、このような規約を設けること自体は可能です。動物嫌いの人はもちろん、ペットの糞尿の悪臭や、鳴き声による騒音などから、ペットの存在によって「静かに安心して暮らす」という他の住民の利益が害される危険が高いからです。ペット禁止規定に対して飼い主側が裁判を起こすケースでは、ほとんどの裁判例がペット禁止規約を有効とし、規約改正にあたり、盲導犬を飼育する視覚障害者などを除いて、ペットの飼育者の承諾は不要としています（東京高等裁判所平成６年８月４日の判決など）。

しかし、ペット禁止規約を設けて、すぐに飼っているペットを飼い主に手放させることは、今後の住民感情だけでなく、動物愛護の観点からも避けるべきです。たとえば、ペット禁止規約の効果が発生するまでの猶予期間を設けて、新しい飼い主を捜すための期間を与えるなど、飼い主の住民にも配慮をすることが必要です。

また、ペットを飼っている住民の要望で、ペットの飼育を認める場合でも、トラブル防止のためにペット飼育を認めるための条件を細かく定めることが重要です。「ペット飼育を認めるための条件」とは、飼育を許可する動物の種類や数、マンション内の衛生面を守るために飼い主が講じるべき措置のことをいいます。たとえば、「ペットの出す糞尿を飼い主の責任で処理すること」といった条項を規約に設けておけば、ペット飼育に対する他の住民の理解を得ることができます。

さらに、「規約違反行為をした飼い主にはペット飼育を許可しない」といった条項も設けておくとよいでしょう。ペット飼育の条件を設けても、それに違反した場合の制裁がなければ、条件が遵守されない可能性があるため、制裁規定をあわせて設けておきましょう。

**Q 管理規約で禁止されているのにペットを飼育している区分所有者がいる場合の対処法を教えてください。**

**A** 規約（管理規約）に違反してペットを飼育することは、区分所有法の「共同利益背反行為」にあたる可能性が高いため、ペット飼育禁止の規約または区分所有法57条に基づく差止請求が考えられます。共同利益背反行為とは、マンションの管理または使用に関し、区分所有者の共同の利益に反する行為を指します。たとえば、糞尿によるマンションの汚損や臭気の他、鳴き声による騒音などが考えられます。共同利益背反行為は、マンションの維持管理や他の居住者の生活に直接的な影響をもたらす危険性がある他、ペットを飼うこと自体が規約で禁じられていることから、共同利益背反行為として差止

### ■ ペット禁止規約の新設

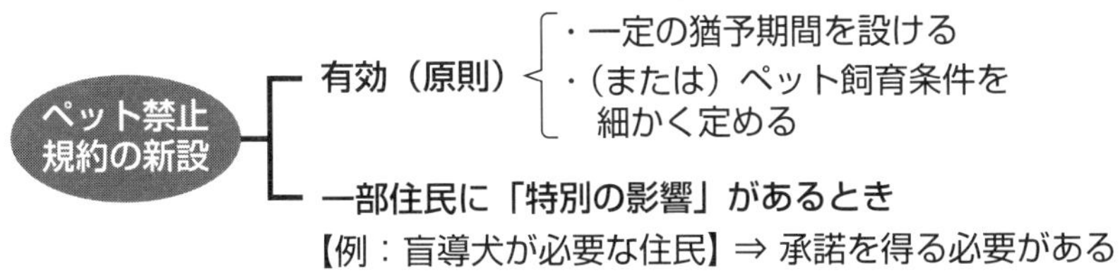

請求が認められる可能性が高いといえます。

**Q 営業目的の使用を禁止する規約がある場合に、また貸しの借主に対しても、規約に基づいて、居室での営業を禁止することができるのでしょうか。**

**A** 区分所有法30条では、マンションやその敷地などの管理や使用について、規約で定めることを認めているため、規約の定めで各部屋の使用目的（用途）を制限することもできます。

区分所有者（住民）は部屋の所有者ですから、自分の部屋を自由に使用できるのが原則です。規約で使用目的や使用方法などを制限する場合は、住民の権利を害するおそれがあることに留意が必要です。もっとも、居住専用として分譲されたマンションである場合には、住民は静かで安全な環境を求めていると考えられます。営業活動による騒音は居住による騒音よりも大きいのが通常ですし、不特定多数の人間の出入りによりマンション内の安全な環境を害する危険が高まりますから、営業目的の使用を禁止する規約（営業禁止規約）は有効です。

また、居室がまた貸し（転貸）された場合の借主（転借人）にも規約が及ぶかについて、区分所有法46条２項では、占有者は所有者と同じ義務を負うと定めています。ここにいう「占有者」は、部屋を使用する人のことで、借主も含まれます。したがって、管理組合は、居室について、また貸しの借主に対しても、営業禁止規約を根拠に居室での営業を禁止することができます。すでに営業活動している場合は、営業の停止を請求することができます。

**Q マンションの駐車場使用料の金額は、管理組合が自由に決定してよいのでしょうか。**

**A** 原則として、駐車場の料金は管理組合が自由に決定できます。マンションの住民は安い料金を望むことが多いでしょうが、管理組合側として、あまり低い料金を設定するとトラブルが生じる可能性がありますので注意が必要です。たとえば、駐車場の数が足りない場合、マンションの駐車場の料金が低すぎると、割高の付近の駐車場を利用せざるを得なくなる住民が不公平感をもちます。

駐車場の利用料を決定するときには、付近の同種の駐車場料金と比較し、利便性の差異も加味して料金を決定するようにしましょう（マンション標準管理規約15条関連⑨コメント）。

また、機械式の駐車場の場合、敷地の広さ以上に、多くの駐車可能台数を確保できるという特徴がありますが、平置き式等の駐車場に比べて、維持管理コストも割高になるため、料金設定には慎重さが求められます。さらに、駐車場の２階や地下が駐車スペースとして割り当てられた人は、１階が駐車スペースとして割り当てられた人に比べて、車の出し入れに時間がかかります。車の出し入れに時間がかかる箇所を駐車スペースとして割り当てられている住民の駐車場料金は低くするなど、利便性や機能性などに応じて柔軟な料金設定を行うのもよい方法のひとつです（マンション標準管理規約15条関連⑨コメント）。

**Q** **住民のための駐車スペースが足りない場合や、逆に余る場合には、どんな点に注意すればよいのでしょうか。**

**A** 駐車場の割当てについて居住者の納得を得るには、まず、利用者を公平に決めることが重要です。利用者の決定では、マンションを購入した立場である組合員（区分所有者）が優先権を持つとするのが公平です。なぜなら、マンションの設備は組合員の代金から理論上最初に賄われているからです。ただ、組合員が現在マンションに住んでいないこともありますので、「当該マンションに現在居住している組合員」を第１順位とします。そして、現在居住している組合員の家族を第２順位としましょう。賃借人については、駐車場利用の必要性は組合員と同じですが、マンションの設備への資金貢献度が組合員より低いといえるので、第３順位としてよいでしょう。利用者多数の場合は抽選を行うことが無難です。

次に、居住者が納得できるために、利用に際してのルールも決めておく必要があります。たとえば、規約で「管理組合に無断で第三者に駐車場を貸与することを禁止する」と決めておきます。そして、また貸し（転貸）を防ぐために、駐車場の利用期間を短くします。更新時に利用資格のチェックにつながるからです。また、定期的に車検証の提示を求め、所有者の住所や車の使用の本拠の位置が、きちんとマンションの場所になっているかを確認することも有効です。

**●駐車スペースが余る場合**

駐車場の利用については、基本的にマンションの住民が駐車場を利用することを想定し、また、マンションの住戸数に比べて、駐車場のスペースが不足しており、駐車場の空きを待つ利用希望者が多いという状況を前提としています。マンション標準管理規約もこの状況を念頭に置いて規定を設けていますが（マンション標準管理規約15条関連⑨コメントを参照）、マンション住民以外の者が駐車場を使用するこ

## ■ 駐車スペースが足りない場合と余る場合の注意点 ……………

**●駐車スペースが足りない場合**

① 公平な利用者の決定 ⇒ 現在居住する組合員を優先する

② 使用方法に関する取り決め ⇒「また貸し」の防止が重要

**●駐車スペースが余る場合**

マンションの住民以外に使用料を徴収して貸し出すことが可能

⇒税制上の取扱いが異なる場合があることに注意が必要

と自体は制限されていません。
　この場合、マンションの住民以外の者（外部者）に駐車場を貸し出して使用料を徴収することが考えられます。もっとも、住民が支払う使用料は、駐車場の管理費用に充てられる他、修繕積立金として扱われます。しかし、使用料を徴収して駐車場を利用させる事業が収益事業であると判断された場合には、駐車場事業に関して、税務上法人税が課税されるなど、外部者が支払う使用料については、居住者が支払う使用料とは取扱いが異なる点に注意が必要です。

**Q　担保権の実行などにより区分所有権を取得した競落人などの特定承継人に対して、前区分所有者が滞納している管理費等の支払請求をすることはできるのでしょうか。**

**A**　区分所有法８条では、区分所有者からの特定承継人に対し、その区分所有者が滞納している管理費等の支払請求ができると規定しています。特定承継人には、売買や競売により区分所有権（部屋）を承継取得した者などが含まれます。また、前所有区分者から区分所有権を取得し、その区分所有権を第三者に譲渡したため、現在は区分所有権を喪失している者を「中間取得者」といいます。中間取得者が特定承継人に該当するかについて、近年の裁判例においては、中間取得者も特定承継人に該当するとし、中間取得者に対する前区分所有者の滞納分の管理費等の支払請求を認める傾向が多く見られます。

**Q　担保権の実行などにより区分所有権を取得した特定承継人に対して、前区分所有者が滞納している専用使用料の支払請求をすることはできるのでしょうか。**

**A** マンションに存在する共用部分の一部を、特定の区分所有者が独占的に使用できる権利を「専用使用権」といいます。専用使用権の対象となるものとして、1階に面する庭、屋上テラス、バルコニー、ルーフバルコニー、駐車場、玄関扉、窓枠、窓ガラスなどが想定されますが（マンション標準管理規約14条を参照）、具体的には規約（管理規約）や使用細則などで規定されます。そして、これらの部分を独占的に使用するために支払うのが専用使用料です。

特定承継人に対して前区分所有者が滞納している専用使用料を請求するには、前提として当該支払債務の承継に関する定めが規約にあり、当該支払債務が規約事項であることが必要です。

たとえば、管理規約に駐車場の専用使用権を設定する規約と、その区分所有者に対して使用料を徴収する規約がある場合は、特定承継人に対する請求が認められると考えられます。一方、規約にそれらの定めがなく、単に管理組合と区分所有者との間の駐車場使用契約に基づいて使用料を徴収しているだけの場合は、特定承継人に対する請求は認められないものと考えられます。

**Q 理事長を解任し、新しい理事長を選任したいと思っています。理事会の決議で理事長を解任できるのでしょうか。**

**A** マンション標準管理規約と同様の規約（管理規約）を用いている場合は、理事会において理事の過半数の一致により理事長の解任と新しい理事長の選任が可能です。ただし、理事の数が少なく（たとえば、理事長1人、副理事長1人など）、理事長を除いて理事の過半数を集めることが不可能な場合は、総会（集会）の普通決議（規約の定めがない限り、区分所有者と議決権の各過半数）により、理事長を理事から解任する方法を取ることになります。

# 2 管理規約の変更について知っておこう

## 総会の特別決議によって管理規約を変更できる

### 管理規約を変更することはできるのか

管理規約（規約）は、マンションの実態に合うように、管理組合の総会（集会）の決議によって、その内容を変更することができます。ただし、区分所有法に違反する形での変更はできません。

具体的には、規約を変更する場合、総会を開催して、「区分所有者の頭数の４分の３以上」かつ「区分所有者の議決権の４分の３以上」の賛成を得る必要があります（特別決議）。したがって、頭数と議決権の双方について４分の３以上になることが必要です。そして、この特別決議の要件は、規約の定めによっても変更ができません。

なお、「議決権」は、規約に別段の定めがない限り、区分所有者の専有部分の床面積の割合に応じて決められます。この割合は規約の定めによって変更ができますから、住戸の価値に大きな差がある場合は、住戸の価値の違いに基づいて、議決権の割合を決める方がよいケースもあります（マンション標準管理規約46条関連コメント③）。

管理規約の内容は、そのマンションの実情に合ったものであることが必要です。そのため、まずはマンションで生じる可能性のある問題を洗い出します。その上で、どのような規定であればマンションで生じる問題に対応できるか検討を重ねます。検討の結果、管理規約の原案が完成したら、その原案を総会に提出します。総会では、原案の内容を審議し、審議の後に議決を行います。議決によって上記の要件を満たす賛成が得られれば、新しい管理規約が成立します。完成した管理規約は、マンションの区分所有者全員に配布して、規約の内容を周知徹底するようにしましょう。

## Q 管理組合が無断でマンションの掲示板に貼られた広告を剥がすことに法的な問題はありませんか。

**A** 区分所有法6条は、区分所有者（住民）の共同の利益に反する行為を禁じる規定を設けています。たとえば、住民自身が掲示板を使用する場合でも、無断使用は共同の利益に反します。管理規約にも掲示板の使用を制限する規定を設けているのが一般的です。そして、業者が無断で掲示板を使用する行為は、住民の共同の利益を害していますので、これを守るために、管理組合は、業者に対して掲示物の撤去を勧告することができます。勧告に応じない場合は、管理組合側で撤去してもかまいません。管理組合の管理者（原則として理事長）は、組合員を代表して広告を撤去できます。また、共同の利益の侵害によって生じた損害を業者に賠償させることもできます。

掲示板の無断使用を繰り返す悪質業者は、住居侵入罪として刑事罰の対象にもなり得ますから、そのことを伝え、今後は無断使用をしないよう、業者側に勧告することが重要です。

## Q 居室について、住居以外の用途による使用を認める規約から、住居専用にする規約への変更は認められるのでしょうか。

**A** 本ケースのように、居室について居住目的以外の使用が認められているマンションで、居住目的以外の使用を禁止する場合は、総会（集会）決議による規約の変更が必要です。この場合に問題となるのが、規約の変更が一部の区分所有者（住民）に特別の影響を与えるときは、その人の承諾を得る必要がある点です（区分所有法31条１項）。

たとえば、長い間営業所として使用する住民が誰もいない状況で、住民が住居専用マンションの環境を黙認しているか、または望んでいる場合には、居住目的以外の使用を禁ずる規約に変更しても、住民に特別の影響を与えないため、住民の承諾がなくても、適法な総会決議を経ていれば、当該変更は有効と扱われると考えられます。

反対に、営業所として使用する住民がいる状況では、規約の変更がその住民に特別の影響を与えますから、その住民の承諾を得なければ居住目的以外の使用を禁止する規約への変更はできません。

なお、営業所として使用する住民が、住民全体の共同の利益に反する形で使用している場合には、その住民の承諾を得なくても、業種や営業方法など制限する規約への変更が有効と認められる余地があります（東京地裁判決昭和63年11月28日）。したがって、営業活動をする住民によって迷惑を受けている場合は、業種や営業方法など制限する規約に変更することを検討してもよいでしょう。

**Q 広告塔設置を認める管理規約を変更し、設置を禁止できるのでしょうか。**

**A** マンションの屋上などへの広告塔の設置により、分譲業者が自社の広告を行えることから、分譲時の重要事項説明書や購入契約書、さらには管理規約（規約）において、「管理組合は、○○会社（分譲業者）に対して、屋上の広告搭設置を永久かつ無償で認めなければならない」といった形で、広告塔の設置を区分所有者（住民）の側が拒めない条項が記載されていることがあります。住民の側としては、購入時に同意している（同意しないと購入ができない）以上、広告塔の設置を拒むことはできません。

しかし、裁判例によると、永久使用の条項があっても、一定期間の経過後は、分譲業者は、広告塔の使用を終了するか、使用料を支払う契約に変更するといった対応が必要と判断されています。「一定期間」については、個々の事情により変わりますが、少なくとも最初の分譲時から10年程度経過していれば、分譲業者に対して、広告塔の使用終了または使用料支払いを求めるとともに、広告塔設置に関する管理規約を変更することが可能になると考えられます。もっとも、規約の変更については、区分所有者の頭数の４分の３以上かつ議決権の４分の３以上の多数による集会（総会）決議が必要です。

**Q　特定の住民に専用使用権が認められている専用駐車場の料金をめぐり、他の住民の不満が募っているため、料金の値上げや専用駐車場の廃止をすることは可能でしょうか。**

**A**　マンション分譲の場合、駐車場を確保するために、分譲会社が特定の買主との間で「専用駐車場使用契約」を締結し、その買主がマンション代金とは別に駐車場使用料を分譲会社に支払うことがあります。判例は「専用駐車場使用契約」は有効に成立していると判断しています(最高裁判所平成10年10月22日判決)。この方式では、マンション分譲の際に、専有部分（部屋）とは別に駐車場の専用使用権を分譲するので「分譲方式」と呼ばれています。しかし、分譲方式については、使用料が無償もしくは低額に設定されるなど、他の住民が不満を持ち、トラブルの原因になることが多いようです。

区分所有法には専用使用権に関する規定がないため、専用使用権の内容は規約（管理規約）で定められます。規約改正は区分所有者と議決権の各４分の３以上の賛成（特別決議）が必要です。さらに、規約改正により一部の区分所有者に「特別の影響」がある場合は、その区分所有者の承諾がなければ規約改正ができません。「特別の影響」とは、規約改正の合理性や必要性と影響を受ける区分所有者の不利益を比較し、不利益が我慢できないほど高い場合とされています。

専用駐車場の使用料の値上げを検討する場合、値上げ幅が大きいと専用駐車場使用者に「特別の影響」があるといえます。そこで、専用駐車場使用者にマンションの駐車場問題を説明し、値上げへの承諾をとりつける必要があります。また、専用駐車場自体を廃止する場合、専用駐車場使用者に与える影響が大きく「特別の影響」があるといえます。この場合は、専用駐車場を使用している住民に対して他の住民が一定額の金銭を支払うなどの配慮をして、専用駐車場廃止への承諾をとりつける必要があります。なお、駐車場使用契約に使用期間を設け、定期的に入替えをすることで、住民間の公平性を保つ方法もあります（マンション標準管理規約15条関連コメント⑧）。

**Q 管理費や修繕積立金の額を変更する場合、総会の普通決議で問題ないでしょうか。なお、現在の管理規約には「管理費等の額については別表で定める」と記載されています。**

**A** 管理規約に「管理費等の額は別表で定める」と記載されているとのことですが、金額の記載がない場合は、規約自体の変更を伴わないため、総会（集会）の普通決議で問題ありません。
しかし、別表に金額が記載されている場合は、別表が管理規約の一部とみなされると金額の変更が管理規約の変更に該当するため、この場合は総会の特別決議が必要です。また、管理規約に金額が記載されている場合は、金額の変更が管理規約の変更に該当するのは明らかですから、総会の特別決議が必要です。

**Q 店舗の区分所有者に対して、業種や営業時間など営業内容を制限したい場合、どのようにすればよいでしょうか。また、制限に違反した場合はどのような対応が考えられますか。**

**A** 管理規約の設定により、店舗部分の営業内容を制限することが可能です。すでに業種や営業時間などが管理規約に設定されている場合は、総会（集会）の特別決議によって変更することが可能です。ただし、管理規約の設定や変更が「一部の区分所有者の権利に特別な影響を及ぼすとき」は、当該区分所有者の承諾が必要です。

管理規約に違反して営業する区分所有者に対しては、総会の普通決議を経て差止請求の訴訟を提起できます（区分所有法57条）。違反行為による区分所有者の共同生活上の障害が著しい場合は、総会の特別決議を経て専有部分の使用禁止請求の訴訟を提起することも検討の余地があるでしょう（区分所有法58条）。

**Q　マンションの隣人宅から、深夜にギターの練習による騒音がひどく迷惑していますが、何らかの対応をとることは可能でしょうか。**

**A**　管理規約に楽器使用についての条項がある場合、その条項に違反する区分所有者に対しては、管理組合が貼り紙などで注意を呼びかけたり、管理組合が仲介して話し合いの場を設ける場合もあります。また、区分所有法57条に基づき、区分所有者の共同の利益に反する行為に対しての差止請求も可能です。騒音に対する感じ方は人によって差があるため、騒音を一律に規制することは難しいのが実情です。しかし、我慢可能な限界点（受忍限度）を超えていると判断される場合には、民法上の不法行為が成立しますので、不法行為に基づいて、楽器演奏の禁止と損害賠償を請求することも可能です。

現時点で、管理規約に楽器演奏に関する条項がない場合は、部屋内での楽器演奏を禁じる条項を盛り込むよう管理組合に働きかけるのがよいでしょう。楽器演奏を認めることを管理規約に定めて、その条件を使用細則で明確にする方法もあります。なお、管理規約の作成・変更は、区分所有者と議決権の各４分の３以上の賛成（特別決議）が必要ですが、使用細則の作成・変更は、規約に別段の定めがない限り、区分所有者と議決権の各過半数の賛成（普通決議）で足ります。

# 3 使用細則に違反する者がいるときの対処法について知っておこう

状況によっては使用禁止や競売を求める訴訟も検討する

## 管理規約と使用細則の関係

分譲マンションの使用については、管理組合の集会（総会）の決議を経ることで、それぞれのマンションの事情に応じた管理規約（規約）を作ることができます。すでに規約ができているマンションの区分所有者（住民）となった人は、前所有者の承認を引き継いだことになりますので、否応なく管理規約に拘束されます。また、管理規約や法律などに定めていなくても、住民全体の共同の利益に反するような行為は区分所有法によって禁止されています。

ただし、管理規約を改正するには、区分所有者と議決権の各４分の３以上の賛成（特別決議）が必要です。しかも、この特別決議の要件は管理規約によって変更することができません。したがって、管理規約に細かい内容まで定めると、後から改正が必要な状況になった場合に、規約改正の手続きが必要になってしまい、賛成する住民を多く集めることが求められるなど、必要とされる改正がスムーズに行われなくおそれがあります。

そこで、大まかな内容は管理規約で定め、細かい条件などは**使用細則**で定めるとよいでしょう。たとえば、「管理組合の許可なく集会室を使用することを禁止する」ことを管理規約で定め、使用細則では使用許可の条件を定めることが考えられます。

使用細則は、マンションの管理に関する事項を定めるので、規約に特段の定めがない限り、区分所有者と議決権の各過半数の賛成（普通決議）によって作成・改正をすることができるため、トラブルが発生しても柔軟な対応ができます。

## Q 管理規約や法律に違反する行為をする区分所有者への対処法を教えてください。

A まず、管理組合が口頭もしくは文書で違反行為の改善を求めます。文書で違反行為の改善を請求する場合は、内容証明郵便を用いるのが一般的です。その後も改善が見られなければ、違反行為の差止請求の訴訟を提起することになるでしょう（区分所有法57条）。

しかし、違反行為により他の区分所有者が多大な被害を被り、差止請求の訴訟によっては問題が解決しない場合は、当該区分所有者の専有部分を相当期間、使用禁止にする訴訟の提起を検討します（区分所有法58条）。それでも解決しないときは、専有部分の競売を請求する訴訟の提起を検討します（区分所有法59条）。使用禁止や競売を求める訴訟を提起する場合は、集会で区分所有者と議決権の各４分の３以上の賛成を得ることなどが必要です。

## Q 管理組合の連絡用掲示板を住民が勝手に使用している場合、規約で利用を制限することは可能でしょうか。

A 区分所有法30条１項では、マンションやその敷地もしくは附属施設の使用について、規約を定めることを認めています。マンションの掲示板は「附属施設」に該当します。使用方法については、大まかな内容は規約（管理規約）で定め、細かい条件などは使用細則で定めることが多いです。規約に「軽微な事項は理事会だけで決定できる」とあれば、理事会限定で「内規」のような形式で決めておいてもかまいません。ただ、いきなり理事会だけで掲示板の使用を制限すると、住民との対立を生むおそれがありますので、掲示板の使用について、あらかじめ住民の意見を聴いた上で決めるとよいでしょう。

# 第３章

# 総会の準備・進行の仕方

# 1 総会を開催するにはどうしたらよいのか

## 事前に組合員へ通知をしてから総会を開催する

### どのくらい前から準備すればよいのか

総会（区分所有法では「集会」といいます）を開催する場合、理事会や出席者は総会のための準備を行います。総会の開催日時が決定した場合には、そのことを組合員（区分所有者）に通知します。

区分所有法では、総会開催日の１週間前までに通知することが要求されています。ただし、規約（管理規約）で定めれば、区分所有法よりも規約の方が優先されます。たとえば、「総会開催日の５日前までに通知を行う」と規約で定められていれば、区分所有法の規定とは関係なく５日前までに総会開催の通知を行えば、総会は問題なく開催できます。もっとも、現実的に出席者の総会への準備が必要なことを考慮すると、早期に組合員に対して通知を行う必要があります。

そこで、マンション標準管理規約では、総会を招集するにあたり、少なくとも会議を開く日（総会開催日）の２週間前までに、会議の日時・場所および目的を示して、組合員に通知を発しなければならないと規定しています。ただし、総会を招集する目的が、建替え決議もしくはマンション敷地売却決議であるときは、会議を開く日の２か月前までに通知を行う必要があるとも規定しています。

管理組合は、総会の出席者を的確に把握する必要があります。総会において出席とみなされる形態には、組合員が会議の場に直接出席する場合以外にも、議決権行使書を提出している場合の他、組合員が代理人を立てるために委任状を提出している場合があります。これに対して、欠席の通知があった場合の他、組合員が出欠の返答を行わないがない場合には、欠席扱いになります。

総会の開催は、管理組合側からばかりではなく、組合員が総会の招集を請求することも可能です。マンション標準管理規約では、組合員総数の５分の１以上及び議決権総数の５分の１以上に相当する組合員が同意をした場合に、会議の目的を示して、管理組合に総会の招集を請求できると規定しています。この場合、理事長は、原則として２週間以内に、請求があった日から４週間以内を会日（総会開催日）とする臨時総会の招集の通知を組合員に発送しなければなりません。

## 総会議案書に記載しておくべき内容

総会議案書とは、総会で決議する予定の議案、総会の開催日時・開催場所などを記載した書面です。この他にも、総会議案書には議案への賛否を決めるために必要な資料を添付することもあります。

また、マンション標準管理規約では、規約改正、共用部分の著しい変更、大規模滅失における共用部分の復旧、建替え決議、マンション敷地売却決議など、一定の重要な事項を議案とする場合には、その議案の要領（要点）を通知することを要求しています。そのため、総会議案書には、事前の通知が要求される議案の要領も記載します。

さらに、マンション標準管理規約では、総会招集の目的が建替え決議である場合は、①建替えが必要な理由、②建替えを行わない場合にマンションの効用を維持するために必要になる費用の具体的な内訳など、③建物の修繕計画の内容、④修繕積立金として積み立てられている金額を、あわせて組合員に通知することを要求しています。総会招集の目的がマンション敷地売却決議である場合は、売却を必要とする理由などを、あわせて組合員に通知することを要求しています。

## 総会当日の流れ

総会当日は、管理組合の理事長が開会を宣言することで、総会が始まります。その次に、総会の議長を決定します。通常は、理事長がそのまま総会の議長になりますが、理事長が議長として適切でない場合には、その場で別の人を議長として選任します。議長の選任が終わると、定足数（総会を開催するために必要な出席者数のこと）の確認を行います。区分所有法では、総会の定足数を定めていませんが、マンション標準管理規約では「議決権総数の半数以上の組合員」を定足数として定めています。定足数を規約で定めている場合には、定足数を満たすだけの出席者数がいなければ、総会での議案の審理や決議を行うことができません。定足数の確認が終わると、いよいよ議案の審理に入ります。各議案について管理組合の理事から説明を行い、それに対する出席者からの質疑応答を受けます。迅速に審理を行うために必要な場合には、議案ごとに質疑応答の時間を区切ります。

審理の終結後に採決をします。採決は議案ごとに行います。普通決議事項と特別決議事項では、議案を可決するために必要な賛成の数が異なるので注意が必要です。

最後に、理事長が閉会を宣言して、総会が終了します。

## 総会での議決権数は１人１議決権なのか

規約に別段の定めがなければ、区分所有法の定めにより、マンションの区分所有者（住民）は、専有部分（住戸）の床面積の割合に応じて議決権をもちます。そのため、住戸が広い人の方が多くの議決権をもつことになります。しかし、議決権割合の定め方は規約の定めで変更することが可能です。たとえば、議決権の数を算定しやすくするため、「住戸１戸につき各１個の議決権とする」とすることが考えられます。

このような議決権割合の定め方は、マンションの各住戸の面積や質が比較的均等である場合には、住民間で問題が生じることは少ないといえます。しかし、高層階と低層階との間に、眺望や日照などの違いにより住戸の価値に大きな差が生じている場合もあります。

そこで、新築のマンションの議決権割合について、住戸の価値に大きな差がある場合には、専有部分の床面積の割合を基礎として議決権を定めるのではなく、別の方法を用いることもマンション標準管理規約では否定していません。したがって、眺望や日照などに差が生じる原因である専有部分の階数や方角を考慮し、住戸の価値の違いを基礎として議決権割合を定めることも可能ということです。もっとも、住戸の価値に基づく議決権割合は、専有部分の広さや立地などを考慮するもので、住戸の内装や設備などの差を考慮して定めるものではありません。

## 委任状の役割

総会の開催が決定したとしても、何らかの事情で総会に出席できない人がいます。そのような人は代理人を立てて、代理人に委任状を渡します。委任状を渡すことで、委任状を渡された人は委任状を渡した人の議決権を行使することができます。そのため、委任状を渡した人は、委任状を通じて総会に出席していることになります。

### ■ 委任状サンプル

委　任　状

○○管理組合
○○○○　殿

私は＿＿＿＿＿＿＿氏を代理人と定め、第○回通常総会（令和○年○月○日開催）における議決権の行使を委任いたします。

※　代理人欄にご記入がない場合には、議決権の行使につき理事長に一任するものとして取り扱うこととさせていただきます。

令和○年○月○日
住居番号　○○号室
氏名　　　○○○○　印

ただし、委任状が理事長に集まっている場合には注意が必要です。総会に出席できない場合、「理事長に一任する」という内容の委任状を理事長に渡してしまうと、理事長は自分の考えの通りに決議を行うことができる可能性があります。仮に、理事長が委任状を利用して自分の考えの通りに決議を行うと、組合員の意向が総会に反映されないことになりかねません。そのため、不必要に委任状が理事長に集まらないように注意することが必要です。

マンション標準管理規約では、組合員の意思が総会に適切に反映されるように、代理人の範囲について規約で定める場合の規定例を示しています。この規定例によると、組合員の代理人になることができる人を、①その組合員の配偶者（事実上の婚姻関係にある場合も含みます）または一親等の親族、②その組合員の住戸に同居する親族、③他の組合員、に限定しています。

## 総会への出席者を制限することができるか

総会に出席することができる人を組合員に限定し、弁護士などの外部の人間が参加するのを防ぎたいと考えることもあります。総会に代理人や補助者が出席することに関して、とくに区分所有法では規定を設けていません。したがって、あらかじめ規約で「集会に出席できる代理人や補助者は組合員に限る」と定めていれば、外部の人間の出席を阻止することができます。マンション標準管理規約では、総会への出席者の制限につき、「組合員の他、理事会が必要と認めた者は、総会に出席することができる」（45条１項）という規定例に加え、前述したように、組合員の代理人の資格を、その組合員の配偶者や一親等の親族などに限定する（46条５項）という規定例を示しています。

しかし、代理人の出席を制限する規約の定めがない場合には、そのために総会の決議を経て規約を変更するのは難しいため、管理組合側としては、弁護士などを同伴する住民が総会でどのような主張・質問するかを予想し、対策を立てておくのが重要です。あえて専門家を代理人に立てるのですから、何らかのトラブルやマンションの重要事項についての意見を主張する可能性があります。弁護士を同伴させるような出来事について心当たりがある場合には、管理組合側として客観的な証拠を確保・準備しておくようにします。管理組合側も弁護士や区分所有法に詳しいマンション管理士などの専門家のアドバイスを受けて、反論などを考えておきましょう。

## 総会議事録の作成方法

区分所有法では、総会の議長に対して、書面もしくは電磁的記録により、総会の議事について、議事録を作成することを義務付けています。そして、議事録の中身については「議事の経過の要領及びその結果を記載する」（区分所有法42条２項）と規定しています。「議事の経過の要領」とは、開会から閉会までの議案の発議、審議の内容、表決

### ■ 通常総会議事録サンプル

**○○マンション管理組合第○会通常総会議事録**

〈開催日時、開催場所、出席者、議決権数につき、省略〉

**議事の経過の概要**

理事長○○○○は、組合員総数、議決権総数、出席数及び議決権数について報告を行い、本総会が適法に成立した旨を述べ、議案の審議に入った。

**第１号議案**　令和○年度事業報告の件

議長より令和○年度（第１期）の事業報告を行ない、監事○○○○より理事の業務執行の妥当性について報告がなされた。議長は、その賛否について議場に諮ったところ、異議なく満場一致で承認可決した。

**第２号議案**　管理委託契約締結に関する報告の件

〈以下省略〉

（採決）の方法を、経過がわかる程度に要約したものを意味し、「結果」とは、表決の結果のことを意味すると考えられています。

なお、総会での説明が、事前に組合員に配布した文書の通りである場合には、「組合人に事前配布した文書と同じ」と議事録に記載するだけでもかまいません。その場合は、議事録と一緒に、事前に配布した文書も保存しておきましょう。一緒に保存することで、議事録と文書が一体のものとして扱われます。理事長などの信頼できる組合員が議事録と文書に割印（２枚の書面にまたがるように押す印）を押印することで、文書の一体性がと公正さが高まります。

区分所有法では、議事録の完成後、その議事録に議長および総会に参加した区分所有者（組合員）のうち２人が署名押印（電磁的記録の場合には電子署名）をすることを義務付けています。署名押印を行う組合員は、理事などの役員でなくてもかまいません。しかし、実際には役員が署名押印しています。議長を務めなかった理事長は、出席した組合員として署名押印ができます。

なお、区分所有法は議事録の作成時期を定めていませんが、令和元年に制定された「東京におけるマンションの管理の適正化に関する指針」には、「総会の終了後、早期に議事の内容について整理・確認し、議事録を作成すること」と定めています。区分所有法の定めにより、議事録の作成を怠った場合や、議事録に記載すべき事項を記載しなかった場合、議事録に虚偽の記載をした場合は、20万円以下の過料に処されますので注意が必要です。

区分所有法では、規約とともに、議事録も管理者が保管しなければならないと規定しています。マンション標準管理規約に依拠している多くのマンションでは、理事長を管理者としていますから、理事長が議事録の保管義務を負っていることになります（議事録の保管期間については、区分所有法に規定がありません）。

## Q 総会の招集通知には、どのようなことを書く必要があるのでしょうか。

**A** 区分所有者への総会（集会）の招集通知は書面で行うのが一般的です。招集通知を発する時期については、会日の少なくとも１週間前までと定められていますが（区分所有法35条１項)、規約（管理規約）で伸縮することができ、２週間前までの通知が一般的です。招集通知には、総会の日時、場所、議題を記載しなければなりません。「議題」とは、その総会で討議する題目を指します。たとえば、規約の変更、役員の選任、修繕積立金の変更などの議決の目的となる事項が該当します。

さらに、その議題が総会の特別決議を要する場合には、議題に加え「議題の要領」も示す必要があります（区分所有法35条５項)。具体的には、「共用部分の変更」「規約の設定・変更・廃止」「大規模滅失の場合の共用部分の復旧」「建替え」などが該当します。

議題の要領は決議する内容を要約したもので、区分所有者がその議題についてあらかじめ意思決定が可能である程度に、その内容を示すことが求められます。また、総会の決議事項は、原則として招集通知に記載された議題に限られ、通知されなかった議題を決議することはできません（区分所有法37条１項)。招集通知によって「議題」や「議題の要領」の通知がなかった場合、その決議は効力を有しないため注意が必要です。

## Q 総会の議事進行はどのようにするべきでしょうか。議長の権限でできることはありますか。

**A** 総会（集会）の議事進行に決まったルールはありませんが、議長（原則として理事長）の開会宣言で始まり、閉会宣言で終わるのが一般的です。円滑に進めるためにも、最初に発言方法などを説明し、議事進行のルールを周知してから審議に入るとよいでしょう。議長には、議事進行を円滑に行うために「議事整理権」という権限が与えられています。具体的には、質問者や答弁者の指名、発言時間の制限、休憩時間の指定、採決の取りまとめなど、議事進行に関することを議長の判断で行うことです。さらに、総会の秩序を維持するために「秩序維持権」も与えられています。具体的には、発言の中止、議場の秩序を乱した者を退場させるなど、秩序維持に関することを議長の判断で行うことができます。

一方、議題・議案の修正動議、議長不信任の動議、総会の延期・続行の動議に関しては、議長の判断で行うことができず、議場に諮り賛成（普通決議で足ります）を得た上で決定する必要があると考えられています。

また、区分所有法42条により、議長には総会の議事録作成が義務付けられています。議事録には、議事の経過の要領やその結果（開催日時や場所、組合員総数や議決権数、議案の決議結果など）を記載します。議事録の末尾には、議長の他、議事録署名人２名の署名押印も必要です。

**Q　総会の出席率が低く決議を得るのが難しいので、特別決議が必要な事項を規約により普通決議に変更できますか。**

**A**　区分所有法では、マンションの区分所有者（住民）の生活に大きな影響がある、規約（管理規約）の設定・変更・廃止、共用部分の著しい変更、管理組合の法人化などは、区分所有者と議決権の各４分の３以上の多数を必要とし、建替えなどは、区分所有者と議決権の各５分の４以上の多数の賛成を必要としています。これらを特別決議といいます。

これら特別決議が必要な事項については、規約によっても決議要件の緩和ができませんので、普通決議への変更はできません。

なお、共用部分の著しい変更は、規約によって区分所有者の定数に限り過半数まで緩和ができます（区分所有法17条１項）。区分所有法では、規約で定めてもよい事項は、「規約で別段の定めをすることができる」もしくは「規約に別段の定めがない限り」などと明記しています。したがって、規約での別段の定めが可能と明記されていない場合には、規約によっても区分所有法に規定されている事項を変えることはできません。

特別決議を必要とする事項を総会（集会）で決議しようとする場合には、あらかじめ住民に対して総会に出席できる日程をアンケートで聞いておいたり、委任状の提出を呼びかけたりして、出席率の確保に向けた努力をする必要があります。

### Q 実際にマンションに住んでいない区分所有者に対して、どのように総会の招集通知を出せばよいのでしょうか。

**A** 総会（集会）の招集通知は、開催日の１週間以上前（マンション標準管理規約では開催日の２週間以上前）に各区分所有者に発しなければならないのが原則です。ただし、組合員が送付先を指定していない場合、管理組合は、その組合員が所有するマンションの部屋を宛先に送付すれば、組合員に送付したことになります。

しかし、組合員がマンションに住んでいない場合などは、組合員が読まない招集通知の送付は手間がかかるだけです。そこで、規約（管理規約）に「掲示による通知」（区分所有法35条４項）に関する定めがあれば、この制度の利用をお勧めします。規約の定めに基づき、建物内の見やすい場所に招集通知を掲示すれば、掲示をした時に招集通知が組合員に到達したものとみなすという制度です。

ただ、「掲示による通知」を多用すると、建替え決議など組合員に多くの出費を求める決議をする場合に、マンションに住んでいないために掲示を見る機会のない組合員から「話を聞いていない」などと言われ、トラブルのもとになります。定期的に組合員の現住所の確認を行うことを怠らないようにしましょう。

**Q　招集通知に記載した議題の他に、決議すべき事項が生じた場合に、改めて通知を行わなくても決議を行うことは可能でしょうか。**

**A**　区分所有法では、総会（集会）においては、あらかじめ通知した事項についてのみ決議ができると規定されています。そこで、後に議題（決議をする事項）が増えることを見越して、招集通知に「その他の議題」と記載しておくことが考えられます。

しかし、招集通知の際には、その性質上、議題を具体的に提示することが要求されますので、「その他の議題」という記載は無効です。したがって、通知漏れの議題について決議するためには、決められた期日（法律上は会日の１週間以上前）までに、改めて追加の通知を送付しましょう。

なお、区分所有法では、普通決議によることができる議題は、規約に別段の定めがあれば、事前通知なしに決議ができると規定されています。また、区分所有者全員が同意している場合は、招集手続きなしに開かれた総会であっても、事前通知なしに決議ができることを規定しています。

しかし、規約改正や建替えといった特別決議を必要とする議題については、事前の通知が必要です。とくに建替え決議やマンション敷地売却決議をする場合は、少なくとも２か月前に招集通知を発するようにしましょう（マンション標準管理規約43条）。

## Q 専有部分を数人で共有している場合には、総会における議決権の数はどのように扱われるのでしょうか。

**A** 総会（集会）の決議では、区分所有者（住民）の数及び議決権の数が問題になります。

まず、区分所有者の数について、１つの専有部分を複数人が共有している場合における、区分所有者の数を規定した法律上の規定はありません。しかし、１つの専有部分に対する所有権は１つであり、所有者が何人いてもそれは所有権を構成する１つの要素にすぎませんから、総会では共有者全員で１人の区分所有者として扱うべきだと考えられています。したがって、複数人で専有部分を共有していても、区分所有者の数は１となります。

次に、議決権の数については、規約に別段の定めがない限り、専有部分の床面積の割合によって決められます。たとえば、各部屋（専有部分）がすべて同じ床面積である場合、２つの部屋を所有する区分所有者には２つの議決権が与えられます。

なお、専有部分を複数人で共有する場合は、共有者間で議決権を行使する人を１人決めなければなりません。議決権の行使者は、共有者間で話し合いが成立すれば、どのような決め方をしてもかまいませんが、決められない場合は、民法の規定に従い、持分の価格の過半数によって議決権の行使者を決めます。

# 2 さまざまな場合の総会招集について知っておこう

不適切な運用がないように注意する

## 住民が総会の招集を請求できる場合もある

たとえば、理事長が総会（集会）に出席せず、退任手続きも行っていない場合に、理事長は退任したものと扱うことができるのでしょうか。この場合、退任手続きを行っていないわけですから、理事長は退任したことになりません。したがって、理事長が「理事長解任は無効だ」と裁判を起こした場合、住民側（管理組合）が不利になってしまいます。

マンション標準管理規約に依拠した規約（管理規約）では、理事長が管理者となっているため、この場合、理事長の解任は集会の普通決議が必要です。しかし、総会を開く権限は、規約の定めにより理事長が持っていることがほとんどです（区分所有法では管理者に総会の招集権限を与えています）。したがって、理事長が自分をクビにするための総会を開催するのは考えにくいといえるでしょう。

そこで、区分所有法では、一定数以上の区分所有者（区分所有者の５分の１以上で議決権の５分の１以上を有する者）は、管理者である理事長に対し、会議の目的たる事項を示して、総会の招集を請求することを認めています。「一定数以上の区分所有者」は、複数の住民によって要件を満たすことも可能です。理事長への総会招集請求は、普通郵便として送るのではなく、内容証明郵便（郵便局が記載内容や届けた事実を証明する郵便のこと）を使うことをお勧めします。総会招集請求の後、理事長が２週間以内に招集通知を発しなかった場合は、総会招集請求をした区分所有者が自ら総会を招集できるようになります。そして、招集した総会において正式に理事長解任決議をします。

しかし、解任決議が否決され、管理者である理事長が自ら辞めない場合には、区分所有法25条２項が定める裁判所に対する管理者の解任請求の制度によって対処します。この制度は、管理者が不正な行為をしている場合や、その他職務を行うのが不適切な場合は、区分所有者（住民）が訴訟を起こして管理者の解任を請求できるというものです。裁判で解任が認められるには「不正な行為その他職務を行うに適しない事情」が必要です。具体的には、理事長の管理者としての職務怠慢の度合いが、住民との間の信頼関係を損なう程度に達していることが必要です。また、いきなり訴訟を起こするのではなく、調停手続きなどによって話し合いによる解決を図る方法もあります。

ただ、訴訟を起こしても判決までには時間がかかり、その間は理事長の問題行動が継続してしまいます。あくまでも総会による理事長解任をめざし、決議に必要な賛成（規約の定めがない限り区分所有者と議決権の各過半数）を確保するのが現実的だといえます。

## 総会で事前に通知していなかった議題が突然提案された場合

区分所有法では、総会を招集する際には、開催日の１週間以上前までに、具体的な議題（会議の目的たる事項）を明記した通知を、各区分所有者に発することを義務付けており、総会の決議は、原則として

### ■ 総会に出席しない管理者である理事長の退任

**退任手続きを行っていない理事長** ➡ **退任したことにはならない**

①住民の５分の１以上で議決権の５分の１以上を有する者が理事長に対して総会招集を請求する
　⇒２週間以内に招集通知を発しなかった場合、総会招集請求をした住民が自ら総会を招集できる

②理事長が不正な行為を行ったり、その他職務を行うことが不適切な場合は、住民が訴訟を起こして理事長の解任を求めることができる

通知に記載された事項についてのみ行うことができると規定しています。したがって、事前通知なくして、総会で緊急提案された議題は決議できないのが原則です。

ただし、区分所有法には、①普通決議（規約の定めがない限り区分所有者及び議決権の各過半数による決議）で決議できる議題で、規約に事前通知なく決議できる旨の定めがある場合、②区分所有者全員の同意により招集手続きを経ないで開かれた総会である場合、という2つの例外を認めています。これらの場合は、事前通知のない議題でも決議することができます。したがって、規約の中に「集会時に緊急提案された議題は、出席者の過半数の賛成があれば決議することができる」などの事前通知のない議題でも決議を認める趣旨の条項が設けられているのであれば、有効に決議を行うことも可能となります。

## 議事録に議長の署名はあるが押印がない場合

区分所有法では、議事録には、総会の議事の経過の要領およびその結果を記載するとともに、議長および集会に出席した区分所有者の2人が署名押印しなければならないと規定しています。

署名押印がなかった場合の議事録ですが、区分所有法には「署名押印がない議事録は無効とする」という規定がない以上、総会の経過や結果を証明する点では、署名押印がない議事録も有効といえます。

ただし、署名押印のある議事録に比べて、証拠としての効力は弱くなります。たとえば、訴訟において規約の成立を証明するために議事録を裁判所に提出しても、署名押印を備えた議事録より証拠として低く評価されてもやむを得ないという事態が起こります。

そこで、署名だけの議事録に、署名を行った組合員が内容を再度確認し、押印することがよく行われます。区分所有法には、議事録への署名押印の時期については規定がありませんので、このような後からの押印も有効になります。

## こんな管理組合には危険がいっぱい

管理組合の中には、残念ながら本来の目的を忘れてしまっているかのような、不適切な運営を行っている場合があります。以下、いくつかの具体例で見ていきましょう。

**・駐車場の使用料を管理費会計に組み入れている**

駐車場の使用料は管理組合の重要な収入源です。徴収した駐車場の使用料を原資にして、修繕や清掃などの管理業務に充てるのが一般的です。しかし、マンションの分譲業者（デベロッパー）が、管理費が安いことをセールスポイントにしたいと考える場合に、駐車場の使用料を管理費会計に組み込んで、住民から徴収する管理費を低く抑えようとする管理組合があります。管理費会計に駐車場の使用料が組み入れられると、マンション管理のために必要不可欠である管理費が十分に確保されていないという事態を招くおそれがあるので危険です。

**・権利関係が複雑である**

たとえば、駐車場やトランクルームなどを、住戸とは別個に分譲の対象に設定している管理組合が挙げられます。マンションの住戸とは別個に共用施設である駐車場などの分譲が行われると、権利関係が複雑化するため、管理組合の運営が困難になる場合があります。

**・管理規約の定めを具体化する使用細則がない**

管理規約で抽象的に定められている事項に関して、具体的な基準や手続きなどを示した使用細則が設けられていない場合があります。

**・理事の入れ替わりが激しい**

理事が毎年のように入れ替わってしまうと、それ以前の管理に関する活動や基本方針が適切に引き継がれず、非効率的な管理組合の運営が行われるおそれがあります。

## Q 総会決議の手続きや内容などに法令違反や規約違反があった場合にはどのように有効、無効を判断するのでしょうか。

**A** 総会（集会）の決議の「手続き」や「内容」に瑕疵（法令違反もしくは規約違反）があった場合、その決議は無効となることがあります。

たとえば、総会の招集通知に、特別決議を要する重要事項を決議する際に必要とされる「議案の要領」が記載されていなかった場合は、総会招集の手続きの瑕疵が重大であると判断され、決議は無効となります。議案の要領を記載することは、重要事項の議事の充実を図るためにも、事前に検討が可能な程度に議案の内容を明らかにしたものでなければなりません。そのため、議案の要領を欠いた招集通知では、区分所有者が十分な議決権行使を行えない可能性があるため、決議は無効となります。

また、一部の区分所有者の権利に「特別の影響」を及ぼすにもかかわらず、その区分所有者の承諾がないままにされた規約（管理規約）の設定・変更・廃止の決議も、瑕疵が重大とみなされ無効と判断されます。「特別の影響」とは、規約の設定などの必要性や合理性と、これによって一部の区分所有者が受ける不利益を比較し、その区分所有者が受ける不利益が受忍すべき限度を超えると認められる場合であると考えられています。

これらに対し、区分所有者の一人にのみ招集通知を行わなかったものの、決議自体は圧倒的多数で可決されたなど、その瑕疵が軽微で決議の結果に影響を与えないと客観的に認められる場合は、決議が無効とはなりません。

# 第４章

# 管理組合の組織と運営

# 1 管理組合とはどのようなものか

区分所有者は当然に管理組合の構成員となる

## 管理組合、管理者、管理会社、管理員の違い

分譲マンションでは、外壁やエレベーターなどの清掃や、設備の保守点検など、さまざまな管理を行う必要があります。本来、区分所有者（住民）自身が管理を行うべきですが、自分たちだけでは管理しきれないこともあります。その場合に、管理業務の一部もしくは全部を代行するのが**管理会社**です。管理業務の遂行のため、必要に応じて管理会社から管理員（管理人）が派遣されることもあります。

区分所有者と管理会社は委託者と受託者の関係になりますが、管理の主体はあくまで区分所有者です。しかし、区分所有者がばらばらに管理会社の業務をコントロールすることは困難で、マンションを共有する区分所有者同士が団体を構成することが不可欠になります。

この点から、区分所有法は、区分所有者全員で管理組合という団体を組織し、総会（集会）を開き、規約（管理規約）を定め、管理者を置いてマンションや敷地などを管理することを規定しています。したがって、管理組合を発足させるのは必要不可欠であるとともに、区分所有者の当然の権利なのです。なお、管理者とは、マンションの維持管理を行うために選任された住民全員を代理する者であり、管理会社から派遣される管理人とは異なります。通常は管理組合の理事長が管理者になります。

管理組合は、建物を長期にわたり良好に維持管理するために、敷地や付属施設の管理を行います。なお、従来は地域コミュニティの形成に関する業務が管理組合の業務に含まれていました。しかし、管理組合と自治会・町内会などとの混同を防ぐために、平成28年に改正されたマン

ション標準管理規約においては、管理組合の業務から削除されています。

## 区分所有者は管理組合の構成員となる

分譲マンションには、住民（区分所有者）が所有する独立した部屋（専有部分）の他に、玄関ホールや廊下、階段など住民の全員あるいは一部が共同で使用する共用部分があります。住民はマンションという一つの建物に対する権利を共有しているわけです。マンションを維持管理していくには、住民全員の意思統一を図ることが必要です。

この点につき、区分所有法３条は、「区分所有者は、全員で、建物並びにその敷地及び附属施設の管理を行うための団体を構成し、この法律の定めるところにより集会を開き、規約を定め、及び管理者を置

### ■ マンションの管理組合の業務

| 管理組合の業務（マンション標準管理規約 32 条） | |
|---|---|
| ① | 組合管理部分の保安、保全、保守、清掃、消毒及びゴミ処理 |
| ② | 組合管理部分の修繕 |
| ③ | 長期修繕計画の作成・変更・管理 |
| ④ | 建替え等に関する合意形成に必要な事項の調査等 |
| ⑤ | 宅地建物取引業者から交付を受けた設計図書の管理 |
| ⑥ | 修繕等の履歴情報の整理・管理等 |
| ⑦ | 共用部分等の火災保険・地震保険などの損害保険に関する業務 |
| ⑧ | 専用使用部分についての管理行為 |
| ⑨ | 敷地・共用部分等の変更・運営 |
| ⑩ | 修繕積立金の運用 |
| ⑪ | 官公署・町内会等との渉外業務 |
| ⑫ | マンションおよび周辺の風紀・秩序・安全の維持等 |
| ⑬ | 広報・連絡業務 |
| ⑭ | 管理組合の消滅時の残余財産の清算 |
| ⑮ | その他建物・敷地・附属施設の管理に関する業務 |

※組合管理部分：管理組合が管理する敷地および共用部分等

くことができる」と規定しています。したがって、マンションを購入して居住する住民は、管理組合の構成員（組合員）になります。その他にも、マンションの区分所有者が管理組合の構成員になるという規定になっていることから、マンションの部屋を購入したものの、他人に賃貸しているため、実際には別の場所に居住している人も、管理組合の構成員に含まれます。なお、部屋を借り受けている人は、区分所有者ではないため、管理組合の構成員に含まれません。そして、マンションの区分所有者が管理組合を組織し、その構成員になることは、区分所有法に基づいた義務ですから、マンションの区分所有者である限りは、そのマンションの管理組合から脱退することができません。

## 管理組合を法人化するためには

管理組合は法人化することもできます。管理組合を法人化することで、管理組合が法人名義で銀行口座を作ることができる、組合員個人の財産との区別が明確になるといったメリットがあります。管理組合を法人化するためには、①総会（集会）の開催、②総会における特別決議、③登記の申請、という手続きが必要になります。

管理組合を法人化しても、区分所有者にとって目に見える形で利益があるわけではありません。管理組合が法人化されても、区分所有法上の権利義務に、何ら影響を与えないためです。前述のように、管理組合法人の財産と個人財産との区別が明確になるとともに、管理組合法人の存在と代表者が登記により公示されるので、第三者が安心して管理組合と取引を行うことが可能になり、取引の円滑化につながるというメリットも期待されています。また、管理組合法人の内部においても、毎年度末に財産目録などの書類作成義務を負い、一体的な団体としての組合員（住民）の意識が高まることも期待できます。

具体的な手続きを見ていくと、管理者（標準管理規約では理事長）が、管理組合法人の設立を目的とした総会を招集します。総会を招集する際には、会議の目的（管理組合法人の設立を目的とすること）や日時・場所を明記した文書を作成し、集会開催日の１週間以上前（標準管理規約では２週間以上前）までに、区分所有者全員に届けなければなりません。その後、招集された総会で特別決議（区分所有者および議決権数の各４分の３以上の多数）による賛成が得られれば、可決となって法人化が認められます（区分所有者が出席しない場合に備えて委任状を預かるなどしておくことも可能)。反対した区分所有者も、決議が可決された場合はその決議に従わなければなりません。

決議が可決された後は、事務所、名称（管理組合法人という表示を入れること)、理事・監事の選出など、登記の申請に必要な事項を決めていきます。管理規約の草案も作成しておくとよいでしょう。理事は管理組合法人の代表者であり、必ず置かなければなりません。監事は管理組合法人の財産状況や理事の職務執行を監視する機関であり、こちらも必ず置かなければなりません。なお、管理組合法人には管理者は置かれません。管理者の役目は理事が担います。

最後に登記の申請です。総会の議事録を添えて、主たる事務所の住所を管轄する登記所に管理組合法人の設立登記を申請します。これで登記所による登記手続きが完了すれば、管理組合法人が発足することになります。なお、かつては管理組合を法人化する要件として人数制限がありましたが、現在では規模の小さいマンションの管理組合も法人化することができます。

## ■ 管理組合を法人化するための手続き

総会の開催

↓

区分所有者の４分の３かつ議決権総数の４分の３の賛成

↓

管理組合法人の主たる事務所を管轄する登記所で設立の登記

## Q マンションの入居予定者が開いた管理組合の創立総会の決議には効力が認められるのでしょうか。

**A** 区分所有者（マンションの部屋の持ち主）は、マンションやその敷地・附属施設の管理のための団体（管理組合）を構成し、規約を定めることができます。つまり、管理組合を構成するのは区分所有者であるため、まだ区分所有者ではない人々によって管理組合を組織することはできません。そうすると、最初の区分所有者である分譲業者が、自らの判断で規約を決定できますが（この規約への同意を購入条件にすることが多いようです）、それでは入居予定者に迷惑といえます。そこで、本ケースの創立総会は、マンションの入居予定者による、分譲を前提とした管理組合設立のための任意の集会と考えることができます。議事録については、創立総会は任意の集会扱いですから、議事録の作成義務はありません。議事録を作成しなかったからといって創立総会が無効になることはありません。

以上より、入居予定者が開いた創立総会は法律上無効ではありませんが、任意の集会ですから、その決議には区分所有法の保護が及ばないことになります。したがって、分譲契約の締結によって区分所有者となった後、すぐに総会を招集し、創立総会で決まった規約などを認める決議を行いましょう。この決議があると、さかのぼって過去の創立総会で決まった事項について区分所有法の保護が及びます。

## Q 管理組合の名義で銀行口座を作るには、どんな手続きが必要になるのでしょうか。

**A** 管理組合名義で銀行口座を開設するためには、管理組合を法人化する必要があります。管理組合を法人化して管理組合法人となるためには、総会において区分所有者と議決権の各４分の３以上の賛成（特別決議）が必要です。議決が可決された後、主たる事務所のある場所にある登記所で設立登記を申請します。法人化の最大のメリットは、管理組合そのものが契約などの主体になる点です。管理組合名義の銀行口座の作成も可能になります。

しかし、法人化すると手続き面の手間が生じます。法人の内容は登記によって正しく表示されなければならないため、管理組合の役員が変更するなど、登記事項に変更があった場合は変更登記を申請しなければなりません。毎年度末に財産目録を作成し、主たる事務所に備え置く義務もあります（区分所有法48条の２）。

管理組合名義の銀行口座の開設に関しても、以下の点に注意が必要です。口座には代表者の氏名も記載されますが、代表者は住民の持ち回りで就任することが多く、口座作成時や代表者が変更になった場合には、その都度、本人確認が必要になるため、代表者本人の身分証明書などが必要になります。

**Q　マンションの隣地に商業ビルなどが建設されることに対して、管理組合が反対する方法はあるのでしょうか。**

**A**　総会においては、区分所有法や規約によって決議すべきとされている事項を決議することができます。そして、マンション標準管理規約では、管理組合の業務（マンションやその敷地・附属施設の管理など）に関する重要事項が決議することのできる事項のひとつとして挙げられています。

本ケースの場合、マンションの隣地に商業ビルなどを建築することは、管理組合の業務に関するものとはいえず、「重要事項」にはあたらないといえます。そのため、管理組合の総会においてビルの建設に反対する決議をしても、法律上の特別な意味はなく、商業ビルなどの建設の差止めはできないことになります。そこで、マンション側の作戦としては、反対決議を行うよりも、日照や眺望などが妨害されないように、代理権を持っている管理組合の理事長（管理者）に対し、商業ビル側と直接交渉してもらう方が現実的といえるでしょう。

もっとも、ビルの建設が建物駆体部分のひび割れや地盤沈下など、マンションの共用部分に具体的な影響をもたらす場合は話が別です。その場合になされる、マンションの損傷を事前に防止するための総会の決議は有効であり、決議に従わない場合は、管理組合が当事者となって訴訟提起などの法的な手段をとることも可能です。

## Q ずさんな管理を行うマンションの管理者を解任するには、どんな方法をとればよいのでしょうか。

**A** マンションの管理者について、区分所有法によれば、マンションの区分所有者は、規約に定めがない限り、集会の普通決議によって管理者を選任し、または解任することができると規定しています。したがって、管理者について規約で定めていない場合、区分所有者は、ずさんな管理を行う管理者を解任することができます。解任する集会の決議は、規約にとくに定めがなければ、区分所有者および議決権の各過半数で決まります（普通決議）。なお、各区分所有者の議決権は、規約に定めがなければ、共用部分の持分の割合（原則として専有部分の床面積の割合）によります。

したがって、問題になっている管理者が有するマンション全体に対する持分が少ない場合は、他の区分所有者の賛成を取りつけて過半数の賛成が得られれば、当該管理者を解任することができます。

しかし、管理者の持分が過半数であるか、決議において過半数の賛成が得られないため、その管理者を解任できない場合であっても、職務を行うのに適さないことを理由に、裁判所に対して解任請求をすることが認められています（区分所有法25条２項）。

# 2 自治会に加入する義務はあるのか

自治会への加入は強制されない

## 管理組合と自治会・町内会の関係

区分所有法３条は、「区分所有者は、全員で、建物並びにその敷地及び附属施設の管理を行うための『団体』を構成し、この法律の定めるところにより、集会を開き、規約を定め、及び管理者を置くことができる」と規定しています。

管理組合は、この区分所有法３条に基づいて組織された「団体」に当てはまり、マンション管理のために存在することが当然に想定されています。そして、マンションの区分所有者（住民）になった人は、当然にその管理組合に加入する（強制加入）とともに、管理費の支払義務が存在するものといえます。なお、管理組合を法人化した団体については、区分所有法が「管理組合法人」と名付けています。

これに対し、自治会・町内会は、地域のコミュニティを維持するための組織であり、当然に加入するものではなく、住民は加入するかどうかを自由に決めることができます（任意加入）。加入しなければ自治会費・町内会費の支払義務はありません。

もっとも、マンションで生活を継続するには、とくに災害時などにおいて、他の住民との協力が重要であるということができます。自治会・町内会への加入は強制されませんが、加入しないことによるデメリットをあわせて慎重に考慮する必要があるでしょう。

## 自治会費と管理費を区別する

管理組合は、区分所有法に基づく、区分所有者全員で構成される強制加入の団体であり、マンションの居住者の任意加入によって組織する団体である自治会・町内会などとは性格が大きく異なります。

したがって、管理組合と自治会・町内会などとの活動は、混同することのないよう明確に区別する必要があります。居住者から徴収する費用についても、居住者が任意で加入して支払う自治会費・町内会費などは、住民相互の親睦を深めたり、福祉・助け合いなどをしたりするための費用であり、マンションの維持・管理をしていくための費用である管理費や修繕積立金などとは、まったく性質が異なります。

しかし、かつてのマンション標準管理規約では、管理組合の業務として「地域コミュニティの形成」に関する業務を含めていました。そのため、管理費と自治会費の区別があいまいになり、自治会費を管理費に含めて一体で徴収していることや、本来的に自治会・町内会が行うような事項（たとえば、マンションの管理に直接的な関係がない事項）に対して管理費が支出されていることに関して、住民間でトラブルが生じる場合が少なくありませんでした。

そこで、平成28年に改正されたマンション標準管理規約では、管理組合の業務から「地域コミュニティ形成」に関する業務が削除されました。したがって、かつてはコミュニティ形成に関する業務とされてきた、マンションやその周辺の美化や清掃などに関する費用については、マンションの資産価値の向上に関係する範囲で管理費からの支出を可能にする、というように改めることが求められます。

なお、自治会費・町内会費などを、管理費などと一体で徴収すること自体は禁止されていません。管理組合が一体で徴収する場合は、自治会費・町内会費などを非会員から強制的に徴収しないようにするとともに、管理費と区分して経理することが必要です。

**Q** **管理会社に委託することなく、管理組合が自分たちだけでマンション管理を行う場合に、どんな点に注意する必要があるのでしょうか。**

**A** 管理組合が上手に自主管理をしているマンションは、「中小規模で世帯数が少なく意思疎通がしやすい」「永住目的の人が多い」など、比較的管理しやすい条件が整ったところが多いようです。マンション管理を管理会社に委託せず、管理組合で自主的に行うためには以下の２点に注意が必要です。

**①　区分所有者全員の理解と協力**

管理組合の業務には、マンション内の清掃・点検をはじめとして、管理費・修繕積立金の徴収、総会の招集・運営など、さまざまなものがあるため、そのことを区分所有者全員が理解し、一緒にマンションを維持していくという意識を持って協力することが重要です。

たとえば、「管理費の支払いを滞納しない」「清掃などは役員だけに任せず一緒にやる」「規約を守る」など、役員の負担を軽減しようとする心がけが大切です。

**②　実務能力の高い人材の確保**

管理組合の業務を上手にこなしていくためには、ある程度の専門的知識や時間的余裕が必要といえるでしょう。たとえば、区分所有者の中で、経理の実務経験がある人、電気関係の資格を持っている人、定年退職をしており時間の都合がつけやすい人などに協力してもらえれば、継続的な自主管理が行いやすくなります。

ただし、特定の区分所有者だけに大きな負担がかからないような配慮も必要です。また、管理組合の業務に尽力してくれている特定の区分所有者が急病などになって、業務を長期にわたり行えない状況になるおそれもありますので、継続的な自主管理を行えるような体制を構築することも重要です。

# 3 管理組合の役員の義務や責任について知っておこう

## 役員は受任者の立場としてマンション管理を行う

### 管理組合の役員は善管注意義務を負う

区分所有法28条は、「管理者の権利義務は、委任に関する規定に従う」と規定しています。この規定は、管理者がマンション管理の受任者（委託を受けた人）としての義務や責任を負う、ということを示したものです。マンション標準管理規約に依拠した規約（管理規約）であれば、管理組合の長である理事長が、区分所有法が規定する「管理者」の地位を兼ねています。そうすると、管理者の地位を兼ねていない他の役員（理事長以外の理事および監事）は、マンション管理の受任者としての義務や責任を負わないようにも思えます。

しかし、たとえ持ち回りであったとしても、理事長を含めた役員に選ばれることは、管理組合との間で委任に関する契約を結ぶことを意味します。委任とは、ある人が、他人に対して、特定の行為をすることを依頼して任せることです。したがって、管理組合の役員は、理事長を含めて、住民（区分所有者）からマンションの管理を依頼され任された受任者の立場にあるということができます。

受任者である理事長を含めた役員には、住民からマンション管理について聞かれた場合に答える義務（報告義務、民法645条）が課せられています。さらに、受任者の職務全般にわたる義務として、民法644条は、受任者に対して、「善良なる管理者の注意をもって、委任事務を処理する義務を負う」と規定しています。これを**善管注意義務**といいます。善管注意義務とは、受任者の職業や社会的地位を考えて、普通に要求される程度の注意を払って管理をしなければならないという義務です。逆に言えば、管理組合の役員は、専門的な知識までは要求されておらず、常識的に要求される事務を遂行すれば、受任者としての職務を果たしているといえることになります。たとえば、住民から管理費などの費用を受け取ったら、すぐに管理組合の口座に預金するなどの措置をとることが、善管注意義務のひとつとなるでしょう。

管理組合の役員が受任者としての義務に違反すると、その義務違反によって損害を受けた住民から、損害賠償金の支払いを請求される可能性があります。

## 役員の負う守秘義務

前述した善管注意義務には、職務上知り得た個人情報を漏らさないといった**守秘義務**も含まれます。個人情報を簡単に漏らす役員は、常識的に要求される注意を払って事務を遂行しているとは到底言えないからです。たとえば、管理組合の役員が、無断で組合員（住民）の住所を興信所に教えた場合には、受任者としての善管注意義務に違反することを理由に、契約違反に基づいた責任を追及される可能性があります。その他、住民のプライバシーを侵害したことを理由に、不法行為に基づいた責任を追及される可能性もあります。

したがって、管理組合の役員は、規約に守秘義務に関する定めがな

### ■ 管理組合の役員の義務 ……………………………………

**民法が規定する受任者に特有の義務**

住民へのマンション管理に関する報告義務（民法645条） など

**職務全般に関する受任者の善管注意義務（民法644条）**

・管理費用について保管措置をとる義務
・個人情報等に関する守秘義務　など

⇒ **これらの義務に違反すると、契約違反に基づく責任や不法行為責任を負う可能性がある**

い場合であっても、第三者に対して組合員の個人情報を絶対に漏らしてはいけません。ただし、他人に伝えた内容が、個人情報などの秘密とすべき事項に該当しないときは、守秘義務に違反したことにはなりません。たとえば、ある住戸の購入を検討している人から、現在の所有者の住所を知りたいとの請求があった場合に、登記簿に記載されている住所などを開示する行為は、守秘義務に違反しません。

## 管理組合の役員に報酬を支払う必要はあるのか

管理組合の役員は無報酬であり、必要経費も自己負担であることが多いようです。しかし、役員になると多大な時間と労力の負担を伴うだけでなく、さまざまな義務や責任を負うこともあるので、役員には必要経費だけでなく、報酬を支払うのが公平といえるでしょう。マンション標準管理規約37条２項では、規約（管理規約）に定めを置くことによって、役員が必要経費の支払いと報酬を受けることができると記載しています。ただし、役員に報酬を支払う場合には、以下の点に注意する必要があります。

### ①　管理組合の仕事内容

役員を報酬制にする場合、その財源を担うのは住民です。どのような業務に対して報酬を支払うのか、ということを理解してもらわなければ、後から不満が生じることになりかねません。理事会の内容と開催回数、総会の招集事務、帳簿管理など、業務の内容が明確にわかる資料を作成するとよいでしょう。

### ②　報酬のしくみを明確にする

報酬の財源をどのように確保するのか（管理費から充当するのか、それとも別途徴収するかなど）、どの業務に対してどの程度の報酬を支払うか、などが重要になります。また、報酬制を継続することができるように、会計管理を工夫する必要もあるでしょう。金銭に関係する問題なので、十分な議論を尽くすようにしましょう。

# 4 管理会社の業務について知っておこう

管理会社の業務をチェックすることが必要である

## 管理会社はどんなことをしているのか

管理会社は、会社にもよりますがマンション管理に関わる業務全般を行っているところが多いようです。内容としては、①管理費などの徴収や帳簿管理、予算・決算書の作成、総会や理事会の運営準備、大規模修繕の立案などといった事務管理業務、②給排水、エレベーター、配電盤、駐車場など付属設備の保守点検といった設備管理業務、③清掃や花壇の手入れなど環境維持業務、④管理人や警備員の派遣業務などがあります。管理組合は、一括もしくはこれらの中から必要な部分を選択して、管理委託契約を結ぶことができます。分譲時に販売会社系列の管理会社が介入することが決まっていた場合でも、実際に業務を行うためには管理委託契約を交わすことが必要になります。

また、管理会社の行う業務は、あくまで管理組合からの委託に基づいて行われるものです。管理組合は管理会社に対し、委託者として業務内容についての報告を求めることができますし、場合によっては業務内容の改善を求める他、委託金額を見直す、契約を終了して他の管理会社に委託する、といった事項を行うことも可能です。

管理会社に委託していても、マンション管理の主体は管理組合ですから、書類を見てもわからない点は説明を求めるなどして、管理会社の業務内容をきちんと把握しておくことが必要になります。

## 管理会社の業務の質をチェックする

管理会社の対応が悪い場合には、管理組合は対策を講じる必要があります。管理会社の対応が悪いと感じた場合には、まずは担当者の変更を管理会社に申し入れます。しかし、担当者の変更後も管理会社の業務の質が向上しないときは、管理会社の体制そのものに問題があると判断して、管理会社の変更を検討する必要があるでしょう。

管理会社の業務の質について判断するポイントがいくつかあります。まずは、費用が妥当なものかどうかです。これについては、委託費の内訳について詳細な書類を管理会社に提出してもらい、その中身を吟味して、現在の費用の妥当性について判断します。

次に、定期的に管理会社から業務状況の報告があるかどうかについても、管理会社の質を判断するポイントになります。定期的な報告がない場合や、報告の頻度が少ない場合は、その管理会社の体制がずさんである可能性が高いといえます。

さらに、管理会社の経営状況もチェックします。財務諸表や決算書を見れば、経営状況をある程度は把握することができます。

そして、管理組合の意向を汲み取ってもらえるかも重要なチェックポイントです。マンション管理について生じる問題はマンションごとに異なるので、管理会社にはマンションごとに対応を考えてもらう必要があります。その他、管理会社から派遣されている管理人が、業務を怠けるといった資質を欠く人でないことを確認する必要があります。

マンション管理についての最終的な責任は管理組合にあります。したがって、管理会社の選定は慎重に行い、管理会社の業務に疑問を感じた場合には、管理会社の変更を検討することも必要です。

## 予算の水増しや不正がないかもチェックする

前述した事項の他にも、管理会社が適切にマンション管理をしているかという観点からチェックすべきものがあります。それは、管理委託契約書や重要事項説明書といった管理会社から交付されている書類です。これらの書類に記載されている内容に不自然な点がないか、あるいは書類に記載されている通りに管理会社がマンション管理をしているかという点をチェックします。

たとえば、マンションの共用の備品を不正に使用していた、予算を水増し計上して赤字を補填していた、契約した時間帯に管理人が無断で休みをとっていた、などの管理会社の不正行為が考えられます。このような不正行為を防ぐために、管理組合は管理会社の業務を定期的にチェックすることが必要です。

## 管理会社にすべて任せると割高になる

管理会社にすべてを任せると、多額の費用がかかります。管理会社から一部の業務が再委託されることで、中間手数料の負担が発生するからです。費用を安く抑えるには、管理会社にすべてを任せず、管理組合が自ら管理する事項を設けることが考えられます。

## 管理委託契約書をチェックする

管理委託契約書には、管理会社が行う業務の内容、事故が起こった場合の責任の所在、管理会社に支払う報酬、契約更新・解約の方法などが記載されています。契約条項があいまいだと、事故が起こったときなどに責任の所在が明確にならず、管理組合が費用負担をせざるを得なくなる可能性があります。そこで、「マンションの管理の適正化に関する指針」において、管理組合の利益に反するような管理の委託にならないよう、注意が求められています。

また、契約条項があいまいだと、それを利用して不当に利益を得ようとする管理会社が現れる可能性があります。契約内容は詳しく、かつ明確にして、深刻なトラブルになるのを防ぐことが必要です。

まずは、管理会社の業務内容がすべて明記されているかどうかを確認します。実際に行ってもらう業務内容について記載漏れがある場合には、その業務内容を追加で記載します。また、管理会社に支払う費用もチェックします。管理会社に支払う金額だけではなく、費用の内訳についても管理委託契約書に記載しておきます。

マンション管理に関係する事故が発生した場合の責任の所在についても、管理委託契約書の記載内容を確認する必要があります。契約の更新、解除をする場合の手続きも明記します。業務がずさんな場合は、管理組合の判断によって管理委託契約を解除し、管理会社の変更を行うことができる点も明記しておくとよいでしょう。

## 契約書に添付されている仕様書もチェックする

管理業務仕様書は、とくに管理会社の細かい業務について詳細に説明している書類です。管理会社の業務をチェックする際には、管理委託契約書だけではなく、管理業務仕様書の内容についても把握しておくことが必要です。管理業務仕様書も必要になる理由は、住民に対して、マンション管理の状況や水準について、詳細かつ正確な情報を提供することにあります。また、客観的には見えにくい細かい業務の内容を明記しておくことで、業務と価格との関連性を明らかにし、透明性を確保するという目的もあります。

本来、管理業務仕様書には、管理会社の業務について詳細に記載しておかなければなりません。しかし、実際には管理業務仕様書に詳細な業務の内容を記載せず、簡潔に管理会社の業務の内容を記載しているだけというケースが多くあります。

管理会社の業務の内容は、管理業務契約書と管理業務仕様書の記載によって決められます。そのため、管理業務仕様書の内容が簡潔すぎていたり、あいまいな表現を用いていたりすると、後のトラブルの原因となります。そのため、管理業務仕様書に管理会社の業務の内容が具体的かつ詳細に記載されていない場合には、まず管理会社の業務を詳しく管理業務仕様書に記載することが重要です。ただし、管理業務仕様書は、管理会社との管理委託契約の内容を示すものですから、管理組合が一方的にその内容を決定することはできず、その内容を書き換えるためには管理会社との交渉が必要です。

## どんな点を見直したらよいのか

管理業務仕様書を見直す際には、まず管理会社にどのようなことを依頼するかについて、管理組合としての意見を集約する必要があります。マンション管理から生じる問題は、マンションごとに異なっています。そのため、管理会社にどのような形でマンション管理を任せたいのか（たとえば、一括して管理を任せるのか、それとも一部の管理を任せるのか）について、住民の意見を求め、マンションで生じている問題点を把握することが求められます。その上で、管理会社に行ってもらう業務の内容を決定します。

以下では、管理業務仕様書を見直す場合に、一般的にどのようなことを管理業務仕様書に記載するかの具体例を示します。

たとえば、清掃業務を管理会社に行ってもらう場合には、マンションの中で汚れやすい箇所を重点的に清掃するよう記載します。その際には、重点的に清掃を行う場所だけでなく、清掃の方法や頻度なども明確にします。

また、管理費を支払わない住民に対して、管理組合は督促などの措置を行うことが求められていますが、督促業務を管理会社に依頼する場合には、何を管理会社に行ってもらうかを明確に記載します。住民に督促を行う場合、内容証明郵便の送付や訴訟の提起をはじめとした法的手段の行使を検討することになりますが、管理会社が何を行うべきかについては仕様書で明確にしておきます。たとえば、管理会社に内容証明郵便の送付は行ってもらうが、訴訟の提起は管理組合の側で行うといった内容のことを記載することも可能です。

# 5 委託のしくみと管理会社の変更について知っておこう

## 複数の業者の見積りを比較して費用を抑える

### 管理委託契約を結ぶときのポイント

マンション管理を請け負う管理会社はたくさんありますが、金額の安さだけでなく、サービスの内容、実績、他のマンションからの評価なども比較して、管理会社を決めるようにしましょう。契約する際に注意すべきものとして、おもに以下の点があります。

まず、①報酬の支払方法には、管理にかかる実費と報酬を一括して支払う方法と、別々に計上して支払う方法がありますが、後者の方が正確な経費の把握ができる点で望ましいでしょう。次に、②契約期間については、実績次第で別の管理会社への変更を考えることもあるので、長期契約にせず１年単位で更新するのがよいでしょう。さらに、③マンションの固有財産の保管事務や出納事務を委託する場合であっても、管理会社の倒産に備えて、登記や金融機関の口座の名義はすべて管理組合（もしくは理事長）名義とした方が無難でしょう。

その他、④管理組合への報告方法について、管理状態の報告は月単位などできちんと受けるようにしましょう。

### マンション管理にはどんな委託形態があるのか

マンション管理の委託形態としては、全部委託と一部委託があります。全部委託とは、その名の通り管理会社にマンション管理に関する業務を全面的に委託する形態をいいます。全部委託をする場合、マンション管理を一つの会社に任せることになるので、管理組合の業務量の負担は少なくなります。しかし、一部委託と比べると、管理費用が割高になるというデメリットがあります。

**一部委託**とは、マンション管理に関する業務の一部を管理会社に委託するものの、その他の部分は管理組合が自ら業務を行ったり、別の専門業者にメンテナンスなどを依頼したりする形態をいいます。一部委託をする場合、管理組合が自ら管理業務の一部を行い、専門業者と直接交渉するので、管理費用を安く抑えることができます。反面、業務量が増えるという点で管理組合の負担が大きくなります。

なお、マンション管理には**自主管理**という方法もあります。自主管理とは、管理会社に委託せず、原則として管理組合がマンション管理の業務を行い、必要な部分だけ専門業者にメンテナンスなどを依頼する形態です。自主管理を行った場合、全部委託や一部委託と比較して費用を低く抑えることができます。ただし、全部委託や一部委託と比較して管理組合の業務量に関する負担が大きくなります。

## 見積りのとりかたを工夫する

専門業者にマンションのメンテナンスを直接依頼する場合、複数の業者に見積りを出してもらって、それを比較検討しましょう。見積りを取る際には、専門業者からだけではなく、全部管理もしくは一部管理をしてもらっている管理会社からも見積りを取ります。管理会社の見積りは、専門業者に依頼した場合の料金を把握するために必要にな

### ■ 見積書の依頼に関する注意点

| | |
|---|---|
| 専門業者に対して管理業務の一部を依頼する場合 | 全部管理もしくは一部管理の場合は、管理会社に支払っている金額よりも低額に抑えることができるか<br>⇒ 複数の専門業者からの見積もりが必要 |
| 管理会社を変更する場合 | サービス内容、実績、会社の信用性、管理費用などを検討する必要がある<br>⇒ 複数の管理会社からの見積もりが必要 |

ります。業務内容を減らしても管理会社に支払う委託費が減らない場合には、管理会社の変更も検討してみましょう。

## 管理会社を変更するための手続き

管理会社を変更する場合は、総会の決議が必要です。決議の種類は普通決議（規約の定めがなければ、区分所有者および議決権の各過半数）でかまいません。その上で、現行の管理会社との契約更新拒絶あるいは契約解除の手続きを行うとともに、新しい管理会社と契約を結びます。通常、管理委託契約書には、契約更新拒絶あるいは契約解除の手続きが記載されていますから、それに基づいて契約を解消します。また、新しい管理会社の選定にあたっては、サービス内容、実績、会社の信用性、管理費用などを考慮します。管理費用については、複数の管理会社から見積りを取り、比較検討するとよいでしょう。

管理会社の変更に際しては、現行の管理会社との契約の解消と、新しい管理会社との契約の締結は、同時進行で進めることが必要です。現行の管理会社との契約を解消してから新しい管理会社を探し始めると、管理会社のいない空白期間ができます。とくに空白期間に事故や災害が発生し、緊急にマンションの修繕が必要とされる場合に、ノウハウの乏しい管理組合では迅速な対応ができない可能性があります。

また、管理会社を変更しようとした場合、現行の管理会社は、契約関係を維持しようと管理組合の活動に介入してきます。管理会社が管理組合を説得しようとするだけでなく、必要な書類を渡さないなどの強硬な手段をとる可能性もありますので、入念な下準備を行ってから管理会社に契約の解消を申し入れます。そして、管理組合の通帳・印鑑、共用部分の鍵、備品類など、マンション管理にとくに重要なものは、現在の管理会社から管理組合が受け取り、確実に新しい管理会社に引き渡す必要があります。管理費などの銀行口座の変更手続きも忘れずに行う必要があります。

**Q 管理人が24時間常駐しているはずのマンションで、夜間に管理人室に誰もいない場合に、改善を求めることはできるのでしょうか。**

**A** マンションの販売会社（分譲会社）に対し、夜間の管理人不在の改善を要求しても、おそらく取り合ってもらえないでしょう。マンション管理については、販売会社の系列の管理会社が、住民(区分所有者)で構成する管理組合の委託を受けて行っているケースが多いようです。したがって、改善の要求は管理会社に対して行うことが必要です。

本ケースでのポイントは、管理委託契約の内容がどうなっているのかです。管理人の勤務形態には「常駐」「日勤」「巡回」などがあります。たとえば、管理委託契約に「管理人が24時間常駐する」と明記されていれば、夜間に管理人が不在であることは契約違反にあたりますので、管理組合を通して管理会社に即時の改善を求めるべきです。しかし、管理人の在室時間が「9：00 ～ 20：00」などと明記されており、管理人が夜間に在室しないことになっている場合には、夜間に管理人が不在であっても契約違反にあたりません。

また、エントランスやゴミ置き場といった共用部分の清掃なども、管理委託契約で決められた通りに行われているのかどうか、あわせて確認してみましょう。今後改善してほしい点があれば、管理組合で住民同士がよく話し合い、意見をまとめて要望を管理会社に出します。

また、管理人を含めて管理会社の仕事ぶりが、あなたが支払っている管理費にふさわしいものなのかをチェックすることも重要です。

管理組合と管理会社との間で締結されている管理委託契約書の内容についても、ある程度確認した上で、問題点を把握するようにしましょう。

# 6 理事会を開催するにはどうしたらよいのか

マンションの管理のために理事会を開催する

## どんな場合に理事会を開くのか

理事会は、マンションの住民（区分所有者）からの管理費の入金状況を確認することに加え、マンションに関して生じている問題や、住民や第三者から寄せられた苦情を処理することなどを目的として開催されます。理事会の出席者は、理事長、その他の理事、監事ですが、監事は理事会の議決への参加ができません。通常は、1か月に1回程度、定期的な理事会を開催します。ただし、マンションの設備の故障や、マンション内での事故の発生など、緊急を要する事項については、定期的な理事会とは別に臨時の理事会を招集・開催します。

標準管理規約（マンション標準管理規約）によると、原則として理事会は理事長が招集しますが、一定数の理事の請求があった場合にも理事会が招集されることを定めています。しかし、理事会の招集について、標準管理規約とは異なる規約（管理規約）の定めをすることも可能です。たとえば、「各理事は単独で理事会を招集することができる」と規約で定めていれば、個々の理事が理事会を招集できます。

## 具体的にどんなことをすべきか

理事会では、さまざまなことを決定します。マンション標準管理規約では、以下の事項を理事会の議決事項と定めています。

まず、規約や使用細則についての案の作成は理事会で行います。規約が成立するためには総会（集会）の決議が必要ですが、一から総会で規約を作ると不必要に長い時間がかかってしまいますので、規約や使用細則の案は理事会で作成します。

次に、総会に提出する議案の作成も理事会で行います。理事会で作成された議案をもとに、総会での審理を行い、各々の議案に対する決議を行います。

マンションの住民（区分所有者からの賃借人を含みます）が、マンション内での共同生活の秩序を乱す行為をした場合に、理事長がその住民に対して勧告や指示・警告を行うための前提として、理事会の決議を行います。マンションの住民が勧告や指示・警告に従わない場合には、訴訟などの法的手段を検討します。この他にも、総会で付託された事項について理事会で決議ができます。

理事会で話し合った内容は、議事録を作成して記載しておきます。議事録を作成しておかないと、理事会でどのような内容を決議したかについて後に争いが生じる可能性があります。議事録を作成しておけば、理事会で決定した内容が書面になるので、理事会での決議事項を議事録によって証明することができます。

理事会の議事録については、総会の議事録の場合と違い、区分所有法に規定がありません。したがって、理事長の署名押印しかない議事録も有効だといえます。しかし、理事会もマンション住民にとっては意思決定の重要な機関です。そこで、規約の定めで、理事会の議事録について、理事長や出席した理事の署名押印を要求していることがほとんどです。なお、標準管理規約によると、理事会の議事録が作成された場合は、理事長および出席した理事２名が議事録に署名押印する必要があると定めています。

## 理事会を開催するための要件

標準管理規約では、理事の過半数が出席しなければ理事会を開催できないこと、つまり理事会の定足数が理事の過半数であることを定めています。もっとも、標準管理規約と異なる定めをすることも可能ですから、理事会の定足数を理事の３分の１に減らすことや、反対に理事の４分の３に増やすこともできます。

また、理事本人が理事会に出席できない場合であっても、定足数を満たすことを可能にするための方法として、理事の代理人の出席を認めることが考えられます。しかし、理事は総会で選任され、管理組合の構成員（住民）の利益のために職務を遂行することが期待されています。したがって、総会には理事本人が出席し、容易に代理人による出席を認めるべきではないことが大前提である、という点をおさえておく必要があります（代理人による出席に関しては後述します）。

そこで、理事会には本人が出席して、理事がやむを得ない事情により理事会を欠席する場合には、事前に議決権行使書もしくは意見を記載した書面を提出できるようにすることが考えられます。この場合には、あらかじめ規約において、理事会に出席できない理事が、あらかじめ通知された決議事項について、書面もしくは電磁的記録により表決することを認めるという定めを設けておく必要があります。

また、情報技術の進展が目覚ましい現在では、感染症対策などの観点からも、理事会に出席できない理事が、インターネット技術によるテレビ会議によって理事会に参加し、議決権を行使することを認めるという内容の規約を定めておくことも有効だといえます。

## 代理人による出席の可否

前述したように、理事本人による理事会への出席が大前提ですが、これを厳格に貫いた結果、有効な理事会の開催の障害になることは防がなければなりません。そこで、理事の代理出席については、あくまでも例外的な方法として、これを認めることが可能であると考えられています。しかし、代理人の出席を認めるとしても、規約にこれを認める明文の規定を置かない限り、理事の代理出席を認めることは適当ではありません（標準管理規約コメント53条関係②）。

理事会に代理人の出席を認める内容の規約を設ける場合には、代理人に一定の制限を設ける必要があります。マンションに関する権利を何も持っていない第三者が理事会に参加することを認めると、たとえば、反社会的勢力に属する人が代理人として紛れ込むなど、理事会が混乱する可能性があるためです。

したがって、代理人についての規約を定める際には、①代理人の出席を認める場合を限定すること、②代理人は理事の配偶者または一親等の親族（理事の両親もしくは子ども）に限定すること、③理事の代理人であることを示す書面を理事会で提出すること、といった条件をつける必要があります（標準管理規約コメント53条関係③）。たとえば、「理事に事故があり、理事会に出席できない場合は、その配偶者又は一親等の親族に限り、代理出席を認める」という内容の規約を置くことが考えられます。

なお、理事には弁護士や建築士などをはじめ、外部専門家が就くことが可能です。これらの理事は、個人的な資質や能力などに着目して選任されていますから、他の理事とは異なり、代理出席を認めることは適当ではありません（標準管理規約コメント53条関係③）。

## ■ 理事会の招集・開催・議事録の作成

| 理事長による招集 | 理事の同意があった場合の招集 |
| --- | --- |

↓

理事への理事会の日時・場所・目的の通知など、招集手続きの実施

↓

規約で定めた定足数の理事の参加

↓

原則として出席理事の過半数で議決

↓

理事会議事録の作成、議事録への署名押印、議事録の保管

**Q 住民の中に建築士や弁護士などのマンションに関する専門家がいる場合、理事会の下に専門家による諮問委員会を設置することは可能でしょうか。**

**A** 一般的な規約（管理規約）によると、管理組合の業務の執行に必要な事項は細則で決められます。本ケースの諮問委員会は、理事会の運営に関する専門的知識を補うためのものですから、その設置は「管理組合の業務執行に必要な事項」にあたります。したがって、諮問委員会の設置を細則で定めることは可能です。

国土交通省から発表されている「マンション管理標準指針」にも、大規模修繕工事の実施や規約の改正などの場合に、必要に応じて専門委員会を設置するのが標準的な対応であり、専門委員会の位置付けが細則などで明確になっていることが望ましいとしています。

しかし、専門家によって構成されるといっても、諮問委員会の権限には一定の制約が存在します。つまり、諮問委員会は管理者（理事長）や総会のような法律に基づいた機関ではないので、諮問委員会の決議に理事長や理事会が拘束されるような強い効力を与えることはできません。また、建替えなどの住民にとって重要な事項は総会の決議を経なければなりません。

以上より、諮問委員会は、あくまで理事会の補助のためという限定がある場合にのみ、細則で定めることにより設置できると考えられます。細則を定めるときは、総会の普通決議（規約の定めがなければ、区分所有者および議決権の各過半数）が必要です。そのとき、諮問委員会のメンバーに報酬を支払うのであれば、その金額も明確に細則で定めるべきです。

# 第 5 章

# 管理費についての取り決めと徴収方法

# 1 管理委託費について知っておこう

## 管理委託費が適正かどうかの検討が必要である

### 管理委託費とは

**管理委託費**とは、管理組合が、管理会社に対して、業務の対価として支払う費用をいいます。これに対し、**管理費**とは、共用部分の維持や管理などのために用いられる費用をいいます。住民（区分所有者）にとってマンションの住みやすさは重要であり、管理費は住み心地を左右する費用ということができます。そして、全部委託（管理会社にマンション管理に関する業務を全面的に委託する形態のこと）をしている管理組合であれば、住民から徴収した管理費の大半が、管理会社に対する管理委託費の支払いに充てられます。

しかし、管理委託費の額が適正でないことも考えられますので、管理組合は管理委託費について定期的にチェックする必要があります。管理委託費の額は、マンションの分譲時に、分譲会社によって決められていることが多いようです。しかし、分譲時には管理委託費の額が適正だったとしても、技術の進歩などが原因となって、マンション管理に必要な金額が変動する可能性があります。そのため、管理委託費は定期的にチェックすることが必要です。

管理委託費の額が適正かどうかは、管理会社から送られてくる書類の記載を見て判断します。書類をチェックする際には、管理委託費がどのような用途で、用途ごとにいくら使われているのかを見て、管理委託費の額が適正かどうかを判断します。管理委託費の総額しか記載されていない場合には、管理会社に対して詳細な内訳を記載した書類の提出を求めます。

また、駐車場使用料などの施設利用料は、原則として、その施設を維持するために用いられます。施設利用料が管理費に組み入れられている場合には、管理会社に説明を求める必要があります。

## 管理費が高すぎる場合もある

マンションに応じて必要な管理費は異なります。戸数の少ないマンションであれば、個々の住民の支払う管理費は高くなる傾向がありますし、設備を充実させれば、それだけ必要な管理費は増えます。

しかし、管理会社の得る利益を大きくするために、管理委託費の原資となる管理費が高くなっている可能性もあります。管理費が高いと感じるようであれば、他の管理会社から見積りをとって、現在の管理費が適正な額かどうかの検討が必要です。

そして、駐車場の使用料など、管理費以外の費用が管理会社によって徴収されている場合には、その使用料により管理会社の赤字が補填されている可能性があります。使用料が適切に使用されているのかをチェックすることも必要です。

### ■ 管理委託費のチェックが必要

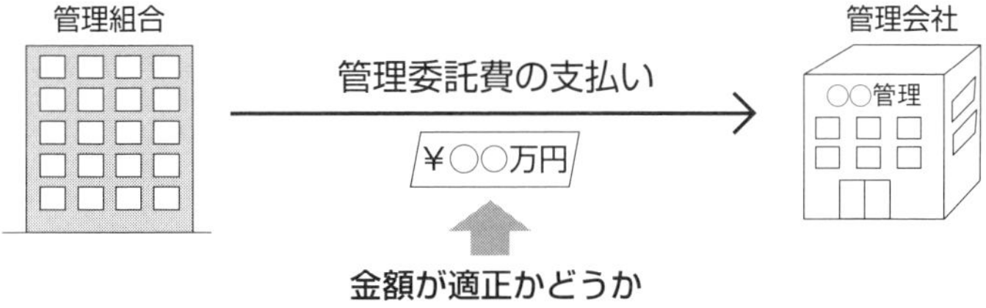


- 管理委託費の使い道を調べる
- 管理会社に対し、管理委託費の内訳の詳細が記載された資料の提出を求める
- 他の管理会社からも見積もりをとって比較する

**Q 管理委託費を安く抑えるには、どのような方法があるのでしょうか。**

**A** マンション管理を委託している管理組合は、委託先の管理会社に対して管理委託費を支払っています。管理委託費は、管理会社が原価とは関係なく利益を得られるよう、かなりの余裕を見て金額が設定されています。そして、業務ごとの費用の内訳も明確にならず、費用の根拠があいまいなままとなっていることも多いようです。

ただし、管理委託費はマンション内の施設の管理のためにも用いられますので、住民（区分所有者）の住みやすさに影響を与える要素だといえます。そのため、ただ単に安く抑えることができればよいわけではなく、ずさんな管理を許さず、効率的な金額を追求していく必要があります。

管理委託費の金額は、管理組合が管理会社との間で交渉を行う必要があります。管理会社と管理委託費について交渉をする場合には、その総額だけではなく、費用の内訳ごとに検討する必要もあります。

具体的には、管理員の費用、清掃・植栽の費用、エレベーターなどの設備の管理に要する費用などを見直すことになります。とくに費用の内訳の中で他の管理会社と比べて割高になっている部分について、費用を低く抑えるよう管理会社と交渉を行うことになります。

**Q 管理委託費を節減したいのですが、管理員は常駐させないといけないのでしょうか。**

**A** 管理員の仕事には、備品の使用申込みの受理や共用部分の鍵の貸出しといった受付業務、無断駐車の確認や照明・共用設備の点検などの点検業務、ゴミの搬出時の立会いや外注業者の業務の実施の立会いといった立会業務、文書の掲示などの報告連絡業務、マンション内やその周囲の掃除をする清掃業務があります。

管理員の置き方には、常駐、日勤、巡回があります。常駐とは、管理員にマンションに住み込んでもらう形態です。通常勤務は昼に行ってもらいますが、マンションに住み込みとなるので、緊急時には管理員に迅速な対応をしてもらえます。日勤とは、管理員に通勤してもらう形態です。昼の勤務時間だけ管理員に業務をしてもらい、夜間は管理員がマンションに不在となります。巡回とは、一人の管理員が複数のマンションの業務を行う形態です。管理員が一つのマンションで業務を行う時間は､一日あたり数時間だけとなります。管理員の人件費は､常駐、日勤、巡回の順に安くなります。ただし、業務の質はこの順に低下する可能性があります。また、日勤や巡回の場合は管理員がマンションを不在にする時間帯があります。そのため、管理員がいない時間帯に事故があった場合の対応の手順を決めておく必要があります。

**Q マンションの設備点検や管理に必要な費用を見直す上で、どのような点に注意すればよいのでしょうか。**

**A** マンションの安全を確保するための点検には、日常点検と法定点検があります。日常点検とは、管理員などによって設備をチェックすることです。法定点検とは、建築基準法、消防法などの法律によって、義務付けられた定期検査を実施することです。検査を行う人が有資格者に限定されており、市区町村や消防署などの各機関に検査結果を報告しなければなりません。たとえば、エレベーターの保守点検などが、法定点検の例として挙げられます。費用がかかるのは法定点検ですが、法定点検は法律で義務付けられているものですので、点検の回数を減らすことはできません。点検費用を減らすためには、料金を低く抑えている専門業者を選ぶ必要があります。

**●共用部分の電気代の見直し**

たとえば、「電球を省エネタイプのものに変更する」「昼間など電灯が必要のない時間帯は電気がつかないような設定にしておく」といった方法で電気代を節約することができます。電力会社と協議して、季節によって供給する電力量を変化させることもできます。

共用部分で使用される電力量はかなり大きいので、細かい配慮が電気代の削減に直結します。効果が薄いと見られる方法であっても、実際にどの程度電気代削減の効果が出るかを試してみることが必要です。

### ●清掃関係や植栽の手入れの費用を見直す

マンションで行う清掃には、日常清掃と定期清掃の２種類があります。日常清掃とは、管理員が共用部分などの清掃を行うことをいいます。定期清掃とは、専門の清掃業者がワックスがけをするなど、管理員だけではできないような大規模な清掃のことをいいます。

日常清掃が行き届いていれば、定期清掃の頻度は少なくて済みます。そのため、管理員と住民の手によって日常清掃を念入りに行っていれば、定期清掃のための費用を抑えることができます。

また、落ち葉の掃除や害虫の駆除など、植栽にも費用が掛かります。植栽については、地域に密着している植木業者に依頼すれば費用が安くなる可能性が高いといえます。また、住民の中で植栽に関心のある人を募り、その人に管理を依頼するという方法もあります。

### ●駐車場のメンテナンス契約を見直す

単に地面に車を停めておくだけの駐車場であれば、維持費はそれほどかかりません。しかし、マンションの場合、機械式駐車場を導入しているケースが多いようです。機械式駐車場は、数年ごとに部品の交換を行う他、専門業者による定期的な点検を行うといった保守点検が必要ですから、機械式駐車場の維持・運営にはそれなりの費用がかかります。そして、機械式駐車場の保守点検は、専門業者への依頼が必要なので、機械式駐車場の費用の抑制を検討する際は、どの会社に依頼するかが重要になります。

# 2 マンション管理費の負担割合はどのように決定されるのか

専有部分の床面積に応じて決めるのが原則である

## 管理費はどのように負担するのか

マンションでは、出入口、廊下、エレベーターなどの施設を区分所有者全員が共同して利用します。これら共同利用する施設などを共用部分といい、区分所有法では、原則として、共用部分は区分所有者全員の共有に属すると規定しています（共有割合は各区分所有者が持つ専有部分の床面積の割合が原則です）。

この共用部分の管理に必要な費用が管理費です。管理費の主な用途は、エレベーターの維持費、管理人の人件費、公租公課、階段・廊下の電気代、共用部分などに関する火災保険料その他の損害保険料、経常的な補修費、ゴミ処理費などが挙げられます。

区分所有法では、管理費などの負担の割合は、原則として、各区分所有者が持つ専有部分の床面積の割合によって決まると規定しています。たとえば、160㎡の部屋の住民は、80㎡の部屋の住民の倍の管理費を支払うことになります。ただし、規約（管理規約）で負担の割合が定められている場合は、その定めに従います。

管理費は、自治会費とは区別されなければいけません（マンションの管理の適正化に関する指針二の７）。また、多くの分譲マンションでは、諸経費の負担割合や具体的な金額は規約に定められています。規約を読み直し、規約に何の記載もない場合には、分譲業者に問い合わせてみるとよいでしょう。

## エレベーターを使用しないのにその分の管理費を取れるのか

たとえば、マンション１階の住民に対し、使用しないエレベーターの分の管理費を免除することや、使用する専用庭の分の管理費を上乗せするということは認められるのでしょうか。前述したように、管理費の負担割合は、専有部分の床面積の割合に応じて決まるのが原則であるため、1階と上階の専有部分の面積が同じであれば、負担する管理費も同じになるのが原則です。エレベーターを使わないのに不公平と思うかもしれませんが、建物の構造上、1階の住民がエレベーターを使用できない場合でもない限り、エレベーターを絶対使わないとは言い切れません。実際、エレベーターの利用頻度に応じて管理費の金額を変えるのは困難です。裁判例も、エレベーターは1階の住人も含めた全体の共用部分であると認めています。

これに対し、1階の専用庭は本来敷地の一部です。ただ、利用する人が、1階部分に住む区分所有者に限定され、専用使用権を認めています。使用者には別途使用料を課すことも認められます。マンション標準管理規約14条2項では、1階の専用庭に関する使用料納入義務についての規定が置かれています。前述のエレベーターは、使用する住民に限定がなく、すべての住民が使用する可能性があるのに比べて、1階の専用庭は、すべての住民が使用することが予定されておらず、この点がエレベーターとは違うところです。

そうだとすれば、2階以上の管理費と比べて一定程度の差が生じるとしても、専用庭の使用料金として妥当な金額だといえるでしょう。

### ■ 管理費の負担額の決定方法

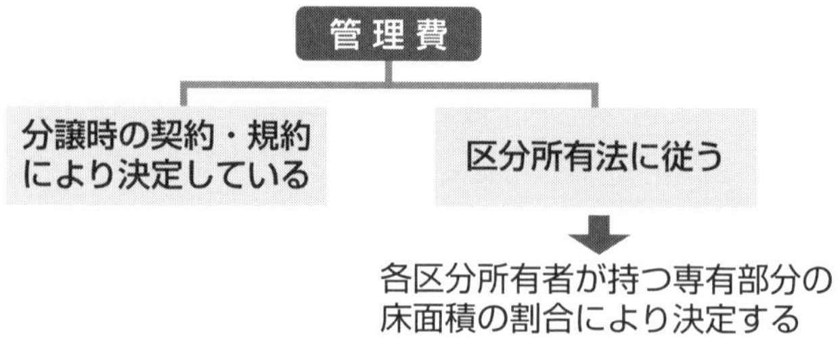

**Q マンションの管理費が不動産業者の説明と異なり高額であった場合、マンション購入契約をなかったことにするのは可能でしょうか。**

**A** 宅地建物取引業者は、契約締結前に、取引物件に関する重要事項を説明すべき義務があります。そして、不動産業者が管理費の金額を知りながら（故意に）虚偽の説明をした（実際より安い金額であると説明した）ために、消費者が購入の意思を決定した場合には、消費者契約法に基づく取消権を行使することによって、契約をなかったことにできる余地があります。

では、不動産業者に故意がない場合であっても、契約をなかったことにできる余地はあるのでしょうか。不動産業者がマンションの売却に関与する場合、管理費の金額は、専有部分（各部屋）の用途制限などと同様、買主になる消費者に対して説明する義務が課せられています。そのため、契約交渉の過程で、不動産業者が管理費について管理組合に問い合わせておくべきです。しかし、管理費を正しく説明されていれば、消費者が購入の意思決定をしなかったであろうと認めることは、一般的には難しいといえます。

したがって、管理費に関する説明義務違反を理由に、契約をなかったことにする（解除する）ことは、原則として認められないと考えられます。なお、説明義務違反を理由に、損害賠償を請求することはできると考えられます。

**Q 理事会の理事が管理費の運用に失敗して大きな損失を出した場合、その理事だけでなく、他の理事にも補償を求めることは可能でしょうか。**

**A** マンション標準管理規約に依拠する規約である管理組合においては、理事長が管理者の地位にあるので、区分所有法28条によって受任者としての義務を負います。その他の理事は、民法によって受任者としての義務を負います。受任者は、委任の本旨に従って、誠実に委任事務を行う義務（善管注意義務）を負います。

本ケースで考えると、理事にマンション管理を委任した住民からすれば、管理費を安定的に管理することが「委任の本旨」だといえます。そして、株式投資を行った理事が損失を出した場合には、その理事はもちろん、それに賛成した理事長をはじめとする他の理事も、受任者として善管注意義務に反しており、損害賠償責任を負うと考えられますので、これにより理事に管理費を穴埋めさせることは可能です。

もし理事が任意に支払わない場合は、裁判を起こすことになります。ただし、管理費は管理組合のものであることから、個々の住民が理事に穴埋めを請求することは認められず、管理組合として請求しなければなりません。その際、総会（集会）で裁判を起こすことに対する決議を経ることが必要です。

## Q 管理会社が倒産した場合、組合員が支払った管理費や修繕積立金は守られるのでしょうか。

**A** 管理組合からマンション管理の委託を受けた管理会社が、その管理組合の管理費や修繕積立金を管理する場合、他の財産との分別管理が義務付けられています（マンション管理適正化法76条）。管理組合の財産は、管理会社の財産とは別個に管理しなければなりません。管理組合の管理費や修繕積立金などの財産は、管理組合が法人化していれば、法人名義の口座で管理し、それ以外の場合は、理事長名義の口座で管理し、その管理を管理会社が委託を受けて行うという形になります。

管理会社が倒産した場合、金融機関に預金が管理組合のものだと主張しておくことが重要です。債権者から差押えを受けた際に、差押債権者の請求に応じないように求めます。そうすれば、金融機関も払戻しを留保するはずです。その間に、総会（集会）を開く時間を持つことができます。差押えを受けた場合は、総会で民事執行法の「第三者異議の訴え」「執行停止の申立て」を提訴することを決議します。差押財産は管理組合の財産だと主張し、執行手続きを停止させます。もっとも、上記の提訴をしたものの、効力発生前に取り立てられることもあります。そのときは、債権者への不当利得返還請求や、金融機関への債権存在確認、預金払戻請求に関する訴訟を起こしましょう。

**Q　売れ残り住戸の管理費について、住戸の販売会社に支払わせることは可能でしょうか。**

**A**　区分所有法には管理費に関連する規定があります。具体的には、各区分所有者の共用部分の持分は、規約に別段の定めがない限り、専有部分の床面積の割合によるという規定（14条）や、規約に別段の定めがない限り、各区分所有者が持分に応じて共用部分の負担に任ずるという規定（19条）です。

販売会社も売れ残った住戸の区分所有者です。そのため、原則として販売会社も管理費などを持分に応じて負担しなければなりません。しかし、規約に販売会社の管理費負担を免除する規定があったとしましょう。この規定が無効か有効かという判断をすぐに行うことはできません。過去の判例にもこのようなケースはありません。今後の動向が気になるケースだといえます。

とはいえ、このままでは売れ残りの住戸がある限り、その部分の管理費が支払われないままです。本来、共用部分の管理は区分所有者全員で負担すべきです。売れ残りの住戸がある限り、販売会社も区分所有者ですから、管理費を長期間支払わないようでは困ります。そこで、通常売却に必要な期間を経過した場合には、売れ残っていたとしても管理費を支払うように規約を改正すべきでしょう。販売会社の支払義務は規約によって免除されているわけですから、その免除規定を廃止すれば、販売会社も管理費の支払義務を負います。

管理規約の変更や廃止は、集会の特別決議によるため、区分所有者と議決権の各４分の３以上の多数の賛成が必要ですが、これを検討すべきといえます。ただし、一部の区分所有者に「特別の影響」を与える場合には、その区分所有者の承諾を得る必要があるため、免除規定を廃止する場合には、販売会社の同意を得なければなりません。

販売会社の管理費が免除されたままだと、現在のマンションの所有者が負担を強いられることになります。管理費が不足する事態が生じた場合には、その赤字を補うために修繕積立金を取り崩すことになる可能性があります。マンションのすべての部屋に住民が入ることを前提として、各戸から徴収する管理費の額が決められていますので、マンションに空き部屋があると、現在の入居者にしわよせが来てしまいます。管理費の負担を求めるために販売会社との交渉が必要になりますが、将来的なことを考えると、粘り強く販売会社を説得することが必要です。

## ■ 売れ残り住戸の管理費について

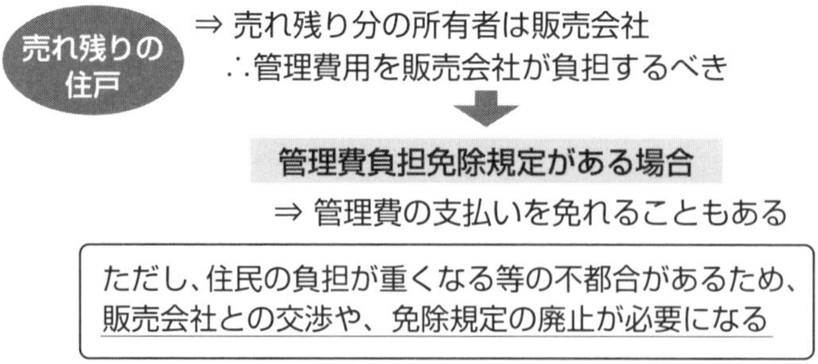

**Q 中古マンションを購入する場合、前の持ち主が管理費などを滞納しているとその分を支払わなければならないことがあると聞きましたが、本当なのでしょうか。**

**A** 結論からすると、前の持ち主（前の区分所有者）が滞納している管理費などを支払わなければなりません。区分所有法8条では、中古マンションを取得した人は、その取得したマンションについて、前の持ち主に管理費や修繕積立金などの滞納があった場合、その滞納の事実を知っていたか否かを問わず、全面的に滞納していた管理費や修繕積立金などの支払義務を引き継ぐことになっています。

不動産業者は、中古マンションの売却に関与する場合、買主となる人（購入者）に対して、滞納している管理費などについて説明をする義務を負っています。そこで、これに反して不動産業者が説明をしなかった場合には、購入者は、その不動産業者に対して損害賠償責任を追及することができます。

なお、裁判所の競売物件の場合は、競売事件の記録に支払義務についての記載があるはずです。落札に参加するつもりであれば、その記載の有無をきちんと確認するようにしましょう。滞納管理費などの記載がある場合は、競売物件の購入後、その金額を当然に支払わなければなりません。物件が格安であるという場合は、何らかのマイナス部分があるかもしれないという認識を持つことが必要です。

Column

## 業務監査ではどんなことをするの？

業務監査とは、とくに管理会社によるマンション管理が適切に行われているかどうかについて、管理会社以外の第三者がチェックすることをいいます。

マンション管理については、基本的には管理会社に任せることになります。しかし、マンションの管理をすべて管理会社に任せてしまって何もチェックを行わないと、管理会社が手抜きで業務を行ったり、マンション管理の料金が割高になってしまったりする可能性があります。そのため、マンション管理が適切に行われているかについて業務監査を行う必要があります。

業務監査の方法の一例として、まず、管理組合と管理会社との間で締結している管理委託契約の内容がチェックされます。その上で、管理会社がどのようなマンション管理を行っているかがチェックされます。これにより、管理会社が契約通りの業務を適切に行っているかどうかが明らかにされます。その際、管理委託契約の内容に不備がある場合には、その旨が指摘されます。たとえば、定期点検が必要な設備であるにもかかわらず、管理会社が定期点検を行うという内容になっていないことが指摘される場合があります。この場合、管理組合としては、管理会社に定期点検を行ってもらえるように、管理委託契約の見直しを行うことになるでしょう。

業務監査においては、マンションの備品が正常に稼働しているかということもチェックされます。管理会社は定期点検により備品の不具合の有無を調査しているはずであり、業務監査をすることで、備品の安全性などについて二重のチェックをかけることができます。業務監査で備品の不具合が発覚した場合には、管理組合としては、定期検査が適切な方法でなされていたかを検証する必要があります。

# 第6章

# 修繕と建替えの法律問題

# 1 どんなところに修繕ポイントがあるのか

建物が劣化していないかの点検が必要である

## マンションはどのような構造になっているのか

マンションの構造にはさまざまな種類があります。マンションを建築する際には、鉄骨（S）、鉄筋コンクリート（RC）、鉄骨鉄筋コンクリート（SRC）などの材料から、建てようとしているマンションにふさわしいものを選びます。材料を選択する際には、コスト、耐震性、遮音性などを考慮して適切なものを用います。

建物の支え方にもいくつか種類があります。一般的にマンションで用いられるのはラーメン構造と呼ばれるものです。ラーメン構造を用いた場合、柱などの骨組みの各接合箇所を接合していくことで建物を支えます。壁式構造と呼ばれるものもあります。壁式構造を用いた場合、壁や床など平面的な構造部を組み合わせて建物を支えます。壁面構造はラーメン構造に比べて室内が広くなっています。

建物の耐震基準については建築基準法が定めています。建築基準法の耐震基準は昭和56年に大幅に改正されて、現在もその耐震基準が基本的に用いられています。昭和56年以降に用いられている耐震基準は「新耐震基準」、それ以前の耐震基準は「旧耐震基準」と呼ばれています。また、阪神淡路大震災のあった平成７年に、地震による建物の倒壊防止を目的として制定された耐震改修促進法では、新耐震基準を満たすよう建物の耐震改修を行うことが奨励されています。

## マンションの傷みの見分け方

どんなマンションも、時間の経過とともに劣化し、少しずつ傷みが出てきます。そのため、管理組合は定期的に点検を行い、マンションが劣化していないかをチェックする必要があります。
　マンションの傷みは、ある日突然表れるものではなく、毎日少しずつ生じます。したがって、管理組合による定期点検だけではなく、普段の生活の中で、目に見える範囲でかまいませんので、マンションの各箇所に異常が生じていないか注意することも重要です。マンションの修繕を行うとしても、初期段階で発見して対応することで、修繕コストを安く抑えることができるからです。
　年数経過により劣化する可能性のあるマンションの設備として、外壁、廊下、玄関ホール、階段などがあります。その他にも、配水管、分電盤、給水タンクなどの設備は、さびや破損が発生すると生活に支障をきたすので、早めの修繕が必要です。また、エレベーター、自動ドア、共用の集会所、駐車場なども要注意です。マンションの点検を行う場合には、これらの箇所に注意を払う必要があります。

## 鉄部の劣化について

　マンションの設備のうち、鉄部はもっとも劣化するのが早いといえます。鉄部とは、ベランダの手すりや非常階段など鉄でできている部分をいいます。鉄は、空気に触れたままにしておくと、１週間ほどでさびはじめます。鉄部の塗料がはがれてくると、鉄部の劣化だけでなく、マンションの外観にも影響を与えます。さびた鉄部が露出していると外観が悪くなり、マンションの資産価値が下がってしまいます。
　鉄部や鉄部の塗装が劣化しているかどうかを判断する際、注意するポイントがいくつかあります。
　まず、塗装が粉状になっていないかをチェックします。塗装が傷むと塗料が粉状になって、白い粉が手につくようになります。次に、塗装の膨れをチェックします。膨れは塗装が劣化しているサインです。さらに、塗装がはがれてさびが出ていないかもチェックします。塗装が剥がれていれば、そこから急にさびがでますし、さびを放置したままにすると、その部分が折れてしまいます。

ベランダや廊下の手すりなど普段から目にしている鉄部は、管理組合だけでなく、個々の住民によるチェックも可能です。一方、普段使用せず住民の目に触れる機会がない非常階段や屋上にある鉄部は、管理組合が定期的に点検を行うようにしましょう。

## 外壁の劣化について

マンションはコンクリートでできていますが、コンクリートは乾燥するとひび割れが生じます。材料や工法を工夫することで、ひび割れの発生を遅らせることはできますが、普段からひび割れが生じた場合を想定しておき、適切な対応をすることが重要です。

ひび割れを見つけた場合は早期の対応が必要です。ひび割れにより劣化が進行すると、修繕コストが大きくなります。コンクリートのひび割れを放置すると、外気や雨水が内部の鉄筋に触れてしまい、その結果、鉄筋がさびて大がかりな修繕が必要となりかねません。ひび割れを発見した場合には、早期に対策を立てることが必要です。

マンションの壁面が白くなっている場合には、コンクリート部分にひび割れが起きており、ひびから水が浸透してコンクリート成分が流出している可能性があります。本来はアルカリ性のコンクリートが空気に触れて中性化すると、マンション全体がさびに弱くなります。

また、ひび割れから茶褐色の水が出ている場合には、コンクリートの中の鉄骨がさびている可能性が高いので、早急な処置が必要です。

## 屋上について

マンションの屋上も定期的な点検が必要です。まず屋上で気をつけなければならないのは雑草です。屋上はコンクリートで覆われていますが、コンクリートが伸び縮みするように伸縮目地が設けられています。雑草はこの伸縮目地の部分に生えてくることが多いです。伸縮目地の部分に雑草が生えると、コンクリートの伸び縮みが阻害されてひび割れを起こしたり、雨漏りの原因になったりします。屋上で雑草が生えているのを見つけたら、すぐに抜いてしまうことが必要です。

また、屋上の集水口は定期的に清掃する必要があります。屋上の集水口にゴミが詰まると、排水が追いつかず雨水が屋上にたまり、雨漏りの原因になります。そのため、集水口にゴミがたまっていないか定期的に点検することが必要です。

屋上は、普段は人が立ち入らない箇所です。しかし、点検を怠ると設備の劣化が進行しますので、管理組合の理事などが定期的に屋上を見回ることが必要です。もっとも、屋上に上るための点検口は、一般的に幅が狭く、タラップにはしごをかけて昇る構造になっています。安全性に注意しながら点検を行う必要があります。

## 給排水設備について

マンションには多くの部屋があることから、給排水設備（とくに給水設備）は一戸建てのものより複雑になっています。

多くのマンションでは、配水管（水道本管）から直接各戸に水を供給するのではなく、配水管から地下にある受水槽を通り、揚水ポンプを使って屋上にある高架水槽に送り込まれ、そこから各戸に水を供給する方式（貯水槽水道方式）が採用されています。もっとも、最近は

### ■ マンションの点検や補修の注意点

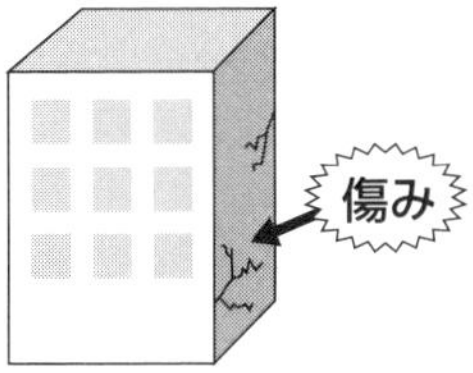


管理組合 ⇒ 定期的な点検を実施

↓

傷みは急に生じるものではない
⇒ 住民も日常的に注意を払う

↓

修繕のコストを抑えることができる

配水管から直接各戸に水を供給する方式（直接給水方式）を採用するマンションが増えています、しかし、どちらの方式にも、水を上層階に送るときに水圧が不足するのを防ぐため、さまざまな設備が置かれていることなどから、複雑な構造になっています。したがって、それぞれの設備について定期的な点検・清掃が必要になります。

給水設備の劣化が原因で生じるおもなトラブルとして、水道管のさびが原因で水が赤くなる赤水や、水道管にひびが入ることで起こる漏水が挙げられます。現在はさびにくい素材が用いられていますが、それでも点検は重要です。赤水が発生すると水道水が使えなくなります。また、見えないところで漏水が起こると建物が損傷します。

また、排水設備は給水設備よりは複雑でないものの、排水管にはさまざまなものが流されるので、詰まることがあります。排水管の詰まりや腐食は漏水の原因となり、これにより悪臭が生じます。給水設備だけでなく排水設備についても、定期的な点検・清掃が必要です。

## 一定年数ごとに行う修繕は修繕積立金で対応する

分譲マンションは、共用部分を含めて区分所有者の所有物ですから、年数経過による劣化や破損の修繕は、区分所有者が自ら主体的に行わなければなりません。しかし、マンションの修繕となると、区分所有者全員で費用を分担するといっても、各々の負担は高額になりますから、一定年数ごとに修繕するたびに費用を請求しても、支払えない人が出てくるかもしれません。そこで、多くのマンションでは、予測される劣化に対して一定年数ごとに行う修繕や、地震などの不測の事故による修繕などの費用を月々積み立てていく方法をとっています。この積み立てるお金のことを**修繕積立金**といいます。

月々の積立金の額は、管理組合の総会（集会）の決議による承認を経なければなりません。マンションの構造、設備の耐久性、修繕が必要となる経過年数、予想される修繕費用などを事前に調査し、根拠ある金額を総会に提示します。あまり安く見積もると、修繕をする段階となった際に、追加金を徴収しなければならなくなる可能性がありますので注意しましょう。

修繕積立金は区分所有者全員の財産なので、集金や出納などの管理を管理会社に委託していても、口座名義は管理組合（あるいは理事長）のものとし、常に残高を把握できるようにします。また、管理費とは区分して経理することが必要ですから（マンション管理規約28条５項)、管理費とは別の口座で管理しなければなりません。

## 具体的に何年ごとに行うのがよいのか

マンションは一定年数ごとの修繕が必要不可欠です。外壁や屋上は常時日光や風雨にさらされて損耗しますし、給水管やエレベーターなどの設備は使えば使うほど損耗します。もっとも、日々の手入れによってある程度損耗を食い止めることは可能ですし、構造、材質、工法などによっても修繕を要する時期はかなり違ってきます。

修繕のサイクルに関する法律の規定はなく、各マンションがそれぞれの事情に応じて長期修繕計画を立てることになります。一般的なマンションの修繕サイクルの目安については、外壁が９～15年、屋根・屋上などが10～15年、給水管・ポンプなどが12～20年、エレベーターが25～30年などといわれています。もちろん、ひび割れなどが見つかったら早めに補修すべきですし、消耗度を知るためにも時期にこだわらず、年１回程度の定期的な点検を行うとよいでしょう。

マンションの点検・診断については、それぞれの箇所によって建築基準法や消防法、水道法などで定められた診断基準がありますので、専門家に依頼すべきです。総合的な建物診断を請け負う建築士事務所などもありますので、信頼できる業者を探すようにします。なお、物価の変動や状況変化なども考えられますので、長期修繕計画は数年ごとに見直すようにしましょう。

## Q 階段のひびの修理費用は誰が負担するのでしょうか。

**A** 階段は共用部分であり、原則として、区分所有者全員で共有するため、区分所有者全員が連帯して修理費用を負担します。ただし、管理組合の規約により、階段がこれを使用する一部の区分所有者だけの共用部分とすることになっている場合は、その一部の区分所有者だけが修理費用を負担する場合があります。

また、管理組合の規約により、共用部分の維持管理のために管理費を徴収し、年数経過などに伴う大規模な修繕に備えるために修繕積立金を積み立てている場合、区分所有者は、管理者（理事長＝管理者が一般的です）に階段の修理請求ができます。管理者は、原則として管理費から修理費用を支出します。なお、共用部分の維持管理を管理会社に委託している場合は、管理会社に修理を請求します。

## Q 分譲団地の特定棟の駐輪場が壊れた場合に、全住民の管理費から修理代を支払うことは可能でしょうか。

**A** マンション標準管理規約（団地型）27条では、管理費から、共用設備の保守維持費や管理委託費などの他、経常的な補修費も支払うと定めています。「経常的な補修費」とは、費用が少額で軽微な補修の費用です。いくらまでが少額かというと、これには明確な基準がありません。たとえば、頻繁に修理代を支払っていると、他棟との不公平感は否めません。その点を重く見て、仮に駐輪場の修理費用が25万円であったとしても、この金額を少額でないと判断することも可能でしょう。理事会の決議で少額でないとの結論が出れば、各棟修繕積立金を取り崩して修理することが可能になります。

Q 共用部分の修繕を行う場合、どのような手続きが必要ですか。また、費用は管理費・修繕積立金のどちらで賄えばよいのでしょうか。

A 区分所有法上、共用部分の管理行為は「保存行為」「狭義の管理行為」「変更行為」の３つに区分され、共用部分の修繕がどの行為に該当するかによって必要な手続きが異なります。

**・保存行為**

保存行為とは、物の滅失や損傷を防止し現状を維持するための行為であって、管理費で賄える範囲内のものが該当します。たとえば、軽微な破損個所の修繕、電灯の取り換え、廊下や階段の清掃などが考えられます。保存行為をするのに総会（集会）の決議は必要なく、各区分所有者が単独で行うことができます。

**・狭義の管理行為**

狭義の管理行為とは、共用部分の形状や効用を著しく変えるには至らない改良行為をいい、防犯灯や階段の手すりの設置、窓ガラスの一斉交換工事、不要となったダストボックスの撤去工事などが考えられます。一般的に修繕積立金を取り崩す必要があるものや、分担金を要する修繕が該当するとされており、狭義の管理行為をする場合は総会の普通決議が必要です。

**・変更行為**

変更行為とは、共用部分の形状または効用を著しく変える行為であり、総会の特別決議が必要です。「著しい」とは、階段をエレベーターに改造する、集会室を増築する、敷地内の広場を駐輪場に変更するなど、共用部分の形状または効用を確定的に変える行為が該当します。管理行為と変更行為の区別は難しく、どちらであるかの認定が困難な場合が少なくありません。そのような場合は、集会の特別決議を経ておくのが無難といえるでしょう。

## 2 修繕工事を発注するにあたってどんなことに注意するのか

### 競争原理を働かせることでコストを抑える

### 修繕工事にはどんなものがあるのか

修繕工事には、大規模修繕工事と小規模修繕工事の２種類があります。大規模修繕工事とは、10年程度に一度のペースで行う、マンション全体に足場を組む必要があるような工事を指すのが一般的です。多くの工事費用がかかるので、事前に資金を積み立てておく必要があります。これに対し、小規模修繕工事とは、２～３年に一度のペースで行われる工事や、突発的な事態に対応するための工事を指すのが一般的です。工事費用は、原則として毎年の予算の中で賄われますが、工事の内容によっては一時金が徴収されることもあります。

修繕工事の発注方式は、おもに以下の３種類あります。

**①　設計施工一括発注方式**

管理会社やゼネコンなどの一つの業者に工事の計画から施工まで一括で依頼する方式です。比較的容易に発注ができ、迅速に工事を開始できます。しかし、個々の工事の内容について他の業者と比較することがないので、工事費用が割高になる可能性があります。

**②　設計施工分離発注方式（競争入札方式）**

工事を計画する設計業務と、工事を実施する施工業務とを別の業者に発注する方法です。工事の設計を行った後、工事を実施する施工業者を選定します。発注者は、設計業者と施工業者のそれぞれについて適切な業者を選定することになるので、①の方式と比べて競争原理が働きます。ただし、設計や施工の内容に踏み込んで業者を選定することになるので、発注者にも工事に関する知識が必要になります。

**③　設計施工分離発注方式（ＣＭ方式）**

発注者が工事の内容ごとに適切な専門業者を選定する方式です。①②の方式は、業務を一括して特定の業者に発注します。しかし、③の方式は、工事の内容ごとに業者を選定することになるので、より強く競争原理を働かせてコストダウンを図ることができます。また、ゼネコンなどに一括して工事を発注すると、中間マージンが発生して費用が割高になりますが、③の方式は発注者が直接すべての業者と契約を結ぶので、中間マージンの発生を防ぐことができます。しかし、発注者には工事に関するより専門的な知識が必要になります。

## 競争入札や相見積りの方法で業者を選定する

修繕工事を含めて工事を発注する際には、指名発注ではなく、競争入札や相見積りをするとよいでしょう。国土交通省が公表している「マンションの管理の適正化に関する指針」では、工事の発注にあたり、管理組合の利益に反する発注方法（利益相反が生じる発注方法）にならないよう注意が求められています。

指名発注とは、あらかじめ決めていた１社に発注する方法です。これに対し、競争入札は、業者に工事の価格のみを提示してもらい、価格のみを比較して業者を選定する方法です。相見積りとは、工事の費用の他に工事の内容についても業者に提示してもらい、それを比較することで業者を選定する方法です。指名発注は、競争原理が働かない中で業者を選定することになり、コストが割高になる危険性があるので避けた方がよいでしょう。できる限り、競争入札もしくは相見積りの発注方法を用いて業者を選定するようにします。

価格だけの比較は容易ですが、工事の内容を比較することは専門知識がなければ難しいといえます。可能であれば、工事の内容についても業者ごとに比較した方がよいでしょう。そのため、相見積りの方法を採用した方が、より適切な業者を選定できるといえます。

## 工事監理は必要になる

工事に際して、その工事の内容をチェックすることを**工事監理**といいます。具体的には、設計図書（工事の図面や仕様書）と照らし合わせて、工事が設計図書の通りに行われるように確認や指導を行うことを指します。

工事監理には、設計監理方式（分離方式）と責任施工方式の２種類があります。設計監理方式とは、工事の施工を行う会社とは別に、工事監理を行う業者を選定することをいいます。責任施工方式とは、工事の施工を行う業者に工事監理を任せることをいいます。

責任施工方式だと、同じ会社が工事とその内容のチェックを行うことになるので、十分な監督を行えない可能性があります。設計監理方式であれば、工事を施工する業者ではない第三者がチェックを行うので、工事に対して十分な監視がなされることが期待できます。もっとも、設計監理方式は、施工業者の他に工事監理のための業者を別に選ぶことになるので、コストが高くなります。しかし、工事の内容のチェック機能という観点から考えると、設計監理方式が適切です。

なお、混同しやすい用語として「工事管理」があります。こちらは施工会社の現場監督（現場代理人）を指し、おもな業務は工事の工程管理です。はっきり区別して認識しておく必要があります。

### ■ 修繕工事の種類と発注方式

| | |
|---|---|
| 修繕工事の種類 | 大規模修繕工事 |
| | 小規模修繕工事 |
| 修繕工事の発注方式 | 設計施工一括発注方式 |
| | 設計施工分離発注方式（競争入札方式） |
| | 設計施工分離発注方式（ＣＭ方式） |

# 3 大規模修繕工事について知っておこう

総会の特別決議が必要になる工事がある

## 大規模修繕とは

マンションは時間の経過とともに劣化していきます。たとえば、コンクリートは時間の経過とともに、表面にひび割れが生じます。そのため、定期的な修繕工事が必要です。修繕工事の中で、マンション全体に足場を組む必要があるような、おもに10年程度に１回のペースで行われる工事のことを**大規模修繕工事（大規模修繕）**といいます。

大規模修繕工事に要する費用は大きく、マンションによっては何千万円という費用がかかります。そのため、建物の見た目だけではなく、それぞれのマンションの状況に応じて、専門家の意見も参考にしながら大規模修繕工事の必要性を見極める必要があります。

また、工事の安全に配慮するのは当然ですが、設置する足場をつたって外部の人間がマンション内に侵入する危険もあるため、セキュリティへの配慮など、防犯についても注意をする必要があります。

大規模修繕工事では、おもに以下の工事が行われます。

**・屋上の防水工事**

屋上で漏水事故が起こると、マンションに悪影響が生じるので、防水工事を行い、雨水や汚れからマンションを保護します。

**・外壁のタイルの補修**

タイル張りの外壁が浮いているかどうかは、目視では確認できないので、専門の工具を用いて調査をする必要があります。

**・給排水設備**

配管や揚水ポンプなどのメンテナンス作業を行います。配管がさびているときは修繕工事を行うことになりますが、その際には既存の配管を再びコーティングする方法と、配管自体を交換してしまう方法のどちらかを選択することになります。

・塗装工事

外壁などの塗装工事では、用いる材料によって費用が大きく変わるので、材料の質と費用のバランスをとることが大切になります。

## 総会の特別決議が必要な場合

区分所有法の規定により、マンションの共用部分の形状や効用を著しく変更させるような修繕工事を行う場合は、総会（集会）の特別決議が必要です。したがって、区分所有者と議決権の各４分の３以上の賛成が必要ですが、この決議に関しては、規約の定めにより区分所有者の定数に限って過半数まで減らすことができます。

たとえば、マンション内にエレベーターを新たに設置する工事や、駐車場や駐輪場の大規模な改築工事などが、特別決議を要する場合に該当します。

## 総会の普通決議で修繕できる場合

区分所有法の規定により、マンションの共用部分の形状や効用を著しく変更させないマンションの修繕工事を行う場合は、普通決議を経る必要があります。普通決議は、規約の定めがない限り、区分所有者と議決権の各過半数の賛成が必要です。

普通決議により行える工事として、階段にスロープや手すりを設置する工事、防犯カメラの設置工事、鉄部の塗装工事、照明設備や消防設備に関する工事、窓枠や窓ガラスの工事などが該当します。

普通決議が必要な工事か、それとも特別決議が必要な工事かについては、マンション標準管理規約47条のコメントに具体例が示されていますので、参考にすることができます。

# 4 長期修繕計画を上手に立てよう

長期修繕計画に基づく修繕の費用は修繕積立金から賄う

## 長期修繕計画の問題点はどんな点にあるのか

**長期修繕計画**とは、将来予想される修繕工事を計画し、必要な費用を算出し、月々の修繕積立金を設定するために作成する計画です。

長期修繕計画については、マンション管理を委託している管理会社の意向に沿って作成されることがあります。管理会社の利益を図ることを目的として、多くの工事予定を組み込んだ計画が作成されることもあります。この長期修繕計画がそのまま実行されると、修繕費用を支出する区分所有者の負担が大きくなるという問題点があります。

長期修繕計画は、マンションの適時適切な修繕をする際の指針となるものですが、実際に修繕工事を行う際には、専門家の意見を求めて本当に必要な修繕工事かどうかを見極める必要があります。

長期修繕計画は、マンションの分譲時に、分譲会社が最初に作成するのが一般的です。これは修繕積立金に関する事項を契約前に買主へ説明する必要があるからです。しかし、計画通りに修繕が行えるわけではなく、状況の変化に応じて変更することが必要です。通常、長期修繕計画の見直しは５年ごとに行います。

長期修繕計画の見直しの際には、まずは劣化についての診断を行います。その際には、マンションに劣化している部分があるか、劣化している部分がある場合は、その部分を修繕する必要があるか、修繕する必要がある場合は、どのような方法による修繕が最適であるか、修繕費用はいくらかかるかといったことを見極めます。

長期修繕計画を作成しても、実際のマンションの劣化が当初の予想の通りに進行するとは限りません。長期修繕計画の通りに修繕しても不足することもありますし、逆に劣化が予想よりも進行せず、予定していた修繕が不要になることもあります。マンションを取り巻く法制度が変わることもあります。そのため、定期的に長期修繕計画を見直すことが必要です。

## 長期修繕計画と修繕積立金

毎月の修繕積立金の額は長期修繕計画に基づいて決まります。修繕積立金の額は、予定される修繕費用よりも高めに設定されます。予期していない大地震などの災害によって、マンションの修繕が必要になることがあるので、そのような事態に備えておくためです。修繕積立金を低めに設定した状態で、予期していない修繕費用が必要になった場合には、臨時の一時金を集めることが求められます。

長期修繕計画の見直しの際に、修繕積立金の額の見直しもあわせて行います。当初に比べて修繕費用がかかると予想できる場合は、あらかじめ修繕積立金の額を引き上げるなどの対策をとります。

通常、管理会社が作成する長期修繕計画は、自社で保有するフォーマットをもとに作成されています。そのため、個々のマンションの実態に則した長期修繕計画になっているとは限らないことから、個々のマンションの状況にあった長期修繕計画にする必要があります。長期修繕計画の見直しをする際には、専門家の意見を参考にすることも必要です。第三者である専門家に意見を求め、マンションの住民の立場に立って長期修繕計画の見直しを補助してもらいます。

## 修繕の要否は誰に判断してもらえばよいのか

長期修繕計画に基づいた修繕が必要かどうかを判断する段階では、専門の業者に診断を依頼する必要があります。診断を行う業者は、マンションの劣化の程度などについて調査を行い、写真つきの報告書と予算書を提出します。

診断を行う業者は慎重に選定することが重要です。まず、マンションの分譲会社や関連会社は避けます。修繕を必要とすることが判明しても、劣化などに対する責任を逃れるために、修繕が必要という事実を積極的に示さない可能性があるからです。また、マンションの管理会社も避けます。管理会社は分譲会社と関係が深いことが多く、分譲会社と同じように修繕の必要性を示さない可能性があるからです。

また、修繕工事を依頼する業者は、診断を依頼する業者とは別にします。同じ業者に依頼すると、その業者が多くの工事を請け負うために、劣化していない部分も修繕が必要であるとの診断結果を示す可能性があるからです。なお、マンションの管理の適正化に関する指針でも、工事の発注にあたり、管理組合の利益に反するような発注を防ぐ必要があることが示されています。

## 修繕積立金や借入れについて規約で定める場合の注意点

長期修繕計画を立てる際には、修繕積立金と借入れに関する事項を規約（管理規約）で定めておくことが必要です。

とくに借入れを行う場合の注意点としては、区分所有者の同意が得られるよう、その必要性と金額の上限を明らかにすることです。たとえば、「借入れは修繕積立金の不足分を補てんする目的においてのみ行うことができる」といった条項を盛り込みます。別の用途で使用しないよう制限を設けておくことも重要です。

借入れの窓口は管理組合でも、返済は区分所有者全員で行うことを認識する必要もあります。長期修繕計画に基づく修繕のための借入れには、総会（集会）の決議を経る必要があるでしょう（マンション標準管理規約48条６号）。スムーズに返済するために、管理方法を規約で明確する必要もあります。とくに返済金をどこから捻出するか（修繕積立金を充当するか別途徴収するか）、帳簿管理をどうするか（別会計を立てて収支を明確にするなど）を定めることが重要です。

**Q 各棟修繕積立金から支出すべき各棟の一斉修繕の費用を団地修繕積立金から支出するという総会決議が可決された場合は、どのようになるのでしょうか。**

**A** 一般的な団地の規約（管理規約）では、各棟固有の共用部分の修繕費は各棟修繕積立金から支払うよう定められています。しかし、本ケースの場合、団地修繕積立金（管理事務所や集会室などの団地共用部分の修繕のためのもの）から支出する総会の承認を得て、支払いが済んでいる場合には、その取消しができません。しかし、規約に違反した支出ですから、本来の財源だった各棟修繕積立金から団地修繕積立金に資金を振り替える形で事後承認を得ます。つまり、団地修繕積立金から立て替えた形にするのです。

この他には、規約を改正する方法もあります。①２つの修繕積立金の区別をなくす改正や、②団地修繕積立金から各棟の一斉修繕の費用も支出できるようにする改正を行うことが考えられます。そして、いずれの場合も、改正した規約の定めがさかのぼって適用されることを明記します。そうすることで、本ケースの支出がさかのぼって規約違反とはいえなくなり、事後承認を得る必要がなくなります。

ただし、①の方法は棟ごとの公平性が保てなくなり、②の方法は団地修繕積立金が今後不足するおそれがあります。支出項目の誤りを規約の改正で乗り切るのは極力避けるべきです。

**Q 各住戸の床下も含めた配水管の取替え工事を行いたいのですが、管理組合が、居住者の住戸に立ち入る工事を行うことは可能なのでしょうか。**

**A** 専有部分（住戸）の管理については、規約（管理規約）で定めることができます（区分所有法30条１項）。これに基づき、マンション標準管理規約は、専有部分である設備のうち共用部分と構造上一体となった部分の管理を共用部分の管理と一体として行う必要があるときは、管理組合が行うことができるとしています（21条2項）。さらに、管理組合が管理を行うために必要な範囲内で、専有部分への立入りを請求することができ（23条1項）、請求を受けた者は、正当な理由がなければ拒否できないとしています（23条2項）。

したがって、規約に上記のような管理組合の立入権に関する定めがあれば、配水管工事のための住戸への立入りが可能です。ただし、住戸の居住者が立入りを拒否しているときに、強制的に立ち入ることはできません。もし居住者が立入り拒否の態度を変えないときは、区分所有法57条（共同の利益に反する行為の停止等の請求）に基づいて、管理組合による立入りの妨害禁止を請求することも検討すべきでしょう（訴訟を起こすときは総会の決議が必要です）。

## Q 地震や火災などの緊急時には、理事長や理事会はどんな対応をとることができるのでしょうか。

**A** マンションが地震や火災などの被害を受けたために、緊急で点検や修繕が必要になる場合があります。時間的に切迫しているにもかかわらず、管理組合の意見がまとまらないと対応できないのであれば、マンションの住民（区分所有者）を危険にさらすことになってしまいます。

マンション標準管理規約では、災害などにより総会の開催が困難である場合に、理事会が応急的な修繕工事の実施などを決議できるとしています（54条1項10号）。応急的な修繕工事には、給排水、電気、ガス、通信といったライフラインの確保や、エレベーターの更新・耐震補強などが含まれます。また、応急的な修繕工事の実施には費用が必要ですが、これについても、理事会が資金の借入れや修繕積立金の取崩しを決議することができるとしています（54条２項）。

また、迅速な対応が要求される災害（地震・火災など）や事故（漏水事故など）の時に、理事長が専有部分（住戸）に立ち入ることが認められる場合があります。マンション標準管理規約が理事長による強制的な立入りを認めているのは、災害や事故が発生した場合で、緊急に立ち入らないと共用部分や専有部分に対して物理にもしくは機能上重大な影響を与えるおそれがある場合に限定しています（23条４項）。

## Q 全棟一斉修繕工事について、建物外壁工事と手すりの塗装工事の決議を一括して採択したいのですが、可能でしょうか。

**A** 区分所有法17条に共用部分の変更に関する規定があります。これによると、形状や効用に著しい変更を伴う修繕工事の場合は、区分所有者と議決権の各４分の３以上の決議（特別決議）が必要です。ただし、規約の定めにより、区分所有者の定数を過半数まで減らすことができます。これに対し、形状や効用に著しい変更を伴わない修繕工事の場合は、規約の定めがある場合を除き、区分所有者と議決権の各過半数の決議（普通決議）でかまいません。

外壁の塗装工事は、外壁の劣化を防ぎ、安全性と美しさを保つための工事です。一般的には形状や効用を著しく変更する工事にはあてはまりません。また、手すりの塗装工事は、鉄の部分の劣化を防止するための工事です。こちらも形状や効用を著しく変更する工事とはいえません。したがって、これらの塗装工事については、普通決議で決めることができます。

２種類の工事を別の時期に行うのであれば、それぞれに対して普通決議を経るのが原則です。ただし、一度の機会を利用して、長期修繕計画に基づく一斉修繕工事の中で、２種類の工事を行おうとする場合においては、決議を一括して採択できれば効率的といえます。この場合は、一斉修繕工事の全体を１つの大きな工事と捉え、外壁の塗装と手すりの塗装に関する工事について、１回の総会決議ですませることが可能とされています。

**Q 管理組合の理事長が、修繕積立金の運用方法を変更して、証券会社の商品に出資することは可能なのでしょうか。**

A マンションの管理費と修繕積立金は区分して経理すべきものです（マンション標準管理規約28条５項）。とくに修繕積立金は、長期にわたって適切に運用することが求められます。その運用方法を変更することは、組合員（区分所有者）の共同の利益に関する重大な事項です。

理事長は、管理組合の業務において、他の組合員を代表することができますが、このような重大な事項を独断で決定することはできません。総会の決議を経て決定することが必要です（マンション標準管理規約48条８号）。修繕積立金の運用方法を決める際に最も重要となるのは、元本が保証されているかどうかです。長期にわたる修繕計画に必要な資金ですから、目先の利率にとらわれず、確実な商品を選ぶようにすべきです。株式投資などは避けた方がよいでしょう。

また、運用商品の特色や内容も確認することが求められます。たとえば、一時払い養老保険の運用を検討している場合は、組合員の誰かを被保険者にしなければなりません。そのような点も考慮して検討します。運用した修繕積立金を、必要なときに取り崩せるかどうかも重要です。商品によっては中途解約ができなかったり、高額な手数料を求められたりするものがあるからです。

# 5 修繕積立金が不足するときはどうしたらよいか

## 総会の決議で修繕積立金を値上げする

### 修繕積立金を値上げするための決議

たとえば、長期修繕計画を見直したところ、今のままでは修繕積立金が不足することが見込まれる場合、住民から不足分を徴収することは可能でしょうか。当初予定していた修繕積立金では足りないことが判明するのは、よくあるケースです。たとえば、分譲時に設定されていた修繕積立金の額が、１回目の修繕工事のみを念頭に置いており、２回目以降の修繕工事のための資金が不足することが起こり得ます。

この場合、修繕工事をするごとに組合員（区分所有者）から費用を徴収するのも有効です。しかし、まとまった金額になるため、組合員の反発が予想されます。そうなる前に、毎月支払う修繕積立金を値上げする方が負担感が少なく、反発もある程度抑えられるでしょう。

毎月集める修繕積立金を値上げするのは、長期修繕計画の変更に該当しますので、総会（集会）の決議が必要です（マンション標準管理規約48条５号）。一回にまとめて値上げを決める場合には、総会の決議は一度だけでかまいません。しかし、毎年段階的に値上げしていく場合でも、値上げをする金額が確定しているのであれば、決議は一度だけでかまいません。総会の決議については普通決議（規約の定めがない限り、区分所有者と議決権の各過半数）で足ります。

修繕積立金を一度に値上げすることも、段階的に値上げすることも、長期修繕計画の変更であることに変わりはありません。値上げをする金額や時期について明示した上で、総会の決議が得られればよいのです。段階的に値上げをする場合、たとえば、「次年度より10年間で毎年1000円ずつ引き上げる」といった値上げの金額や時期を明示した上で、総会の決議を経れば問題ありません。

また、値上げを了承する決議を経たものの、値上げの負担が予想以上に重いとして、反対する組合員が増えてくることも予想されます。その場合は、総会において段階的値上げを撤回する決議や、値上げの幅を縮小させる決議を経ることで、組合員の負担を軽減することも可能です。一度決めると絶対に変更ができないわけではありません。

しかし、時間の経過とともにマンションの劣化は徐々に進行していきます。費用の不足を理由に修繕工事を先送りにしていると、さらに劣化が進行してしまい、かえって修繕工事の費用が大きくなってしまいます。また、マンションの劣化が原因で事故が発生すると、被害者に対する損害賠償が必要になります。そのため、修繕積立金の値上げに反発する組合員もいるかとは思いますが、値上げを理解してもらうために説得することが必要です。

## 徴収以外の方法

修繕費用の調達方法としては、住宅金融支援機構や地方自治体から融資を受ける方法もあります。とくにマンションの修繕工事を緊急にする必要がある場合には、費用の融資を受けることも検討します。早い段階で修繕工事の必要性が判明していれば、そのために必要な費用を調達する時間を確保できます。長期修繕計画の見直しを行う際には、修繕費用の調達方法についても検討し、未来の修繕工事が必要になった時に備えるようにします。

### ■ 修繕積立金の不足分の調達方法

修繕積立金の不足

- 修繕工事の際に不足分を住民から徴収
  ⇒ 反発を受ける可能性が高い
- あらかじめ修繕積立金を値上げする
  ⇒ 総会決議が必要

**Q 住民から修繕計画の状況などについて情報開示を求められた場合、これに応じなければならないのでしょうか。**

**A** マンションの快適な環境を維持して、マンションの資産価値を維持するためには、定期的に適切な修繕工事が行われることが不可欠です。そのためには、管理組合が主導して未来を見据えた綿密な修繕計画が作成されなければなりません。この場合に作成される修繕計画を「長期修繕計画」といいます。さらに、大規模な修繕工事は費用が高額になるため、想定される修繕工事に応じた適切な修繕積立金の額を設定する必要があります。修繕積立金の額は、その負担者である住民（区分所有者）にとって関係が非常に深い事項ですから、長期修繕計画の内容は、住民が求めた場合には開示しなければなりません。実際に行われた修繕工事の経過などについても、必要に応じて住民に開示されるしくみを整えておく必要があります。

マンション標準管理規約では、理事長に対して、長期修繕計画書、マンションを分譲した不動産業者から交付される設計図書、修繕などの履歴情報を、書面もしくはPC上に保管されているデータなどの電磁的記録によって保管する義務を課しています。これらの保管の程度としては、閲覧することで内容が把握できる程度に整理して保管しておかなければならず、理事長の不十分な管理のために紛失した場合には、理事長自らが費用を負担して、書面もしくは電磁的記録を再作成しなければならないと考えられています。

さらに、マンション標準管理規約では、マンションの住民もしくは利害関係人が、上記の書面もしくは電磁的記録について、閲覧を望む理由を記載した書面もしくは電磁的記録により請求してきた場合には、理事長は、それらを閲覧させなければなりません。

**Q** **入居者の高齢化も視野に入れ、マンション設備のバリアフリー化を検討しているのですが、気をつけるべきことはありますか。**

**A** バリアフリー化のためにマンションを改修する場合は、早期から長期修繕計画にバリアフリー化を組み込んでおきます。これはバリアフリー化のための資金をあらかじめ積み立てておくためです。また、定期的なマンションの修繕工事をバリアフリー化と同時に行うことで、費用を抑えて必要な工事を一回で済ませることができます。

バリアフリー化を進めるべき場所として、最初に廊下や階段に手すりを設置することが考えられます。また、車いすの住民などが行動しやすいように、エレベーターホール（エレベーターの乗降で利用するスペースのこと）は一定の広さを確保します。さらに、段差がある場所にはスロープを設置します。その他、可能であれば、床や階段の表面には、水に濡れても滑りにくくなるような加工を施します。

なお、廊下の蛍光灯を明るくするなど、それほど費用がかからずに進めることができるバリアフリー化もあります。掲示板などの文字を大きくして高齢者に読みやすくすることも、バリアフリー化の一環です。今は不要な状況であっても、マンション住民のライフステージの変化を予測して、長期修繕計画に組み込んで改修計画を立てるとともに、資金を積み立てておく必要があります。

近年では、バリアフリーに対応しているかどうかが、マンションの資産価値を決める一つの要素となっていますので、資産価値を高めるという観点からも、バリアフリー化を前向きに検討するとよいでしょう。

# 6 建替えについて知っておこう

## 建替えに反対する者の所有権を買い取ることができる

### マンション建替え等円滑化法という法律がある

どのようなマンションも老朽化が進むことで、大規模な修繕工事を行うか、あるいは建替え工事を行う必要が出てきます。築30年以上のマンションであれば、修繕や建替えの検討が必要になるでしょう。

マンションの建替え決議がなされた後の建替事業について規定した法律として「マンション建替え等円滑化法」（マンション建替法）があります。区分所有法に基づきマンションの建替えが決議され、決議の賛成者の４分の３以上の同意を得た場合、マンション建替法に基づきマンション建替組合を設立できます。マンション建替組合は、建替事業を施行する法人となります（法人格が与えられます）ので、自らの名で建替事業に関する契約の締結や資金の調達ができます。

また、区分所有法では、建替えに参加する区分所有者などが、建替えに参加しない（反対する）住民から区分所有権などを買い取ること（売渡し請求）を認めていますが、マンション建替法では、この売渡し請求をマンション建替組合が行うことを認めています。

その他、マンション建替組合が建替事業を施行する場合には、取り壊した建替え前のマンションに対する権利を消滅させず、建替え後のマンションに移行する制度（権利変換）も整備されています。

### 建替えにはどんな問題点があるのか

マンションが老朽化して建替えの必要性が出てきたとしても、常に建替えの手続きが進行するとは限りません。たとえば、建替えの決議が可決されても、建替えに参加しないと判断した住民が多く、その住民の区分所有権などを買い取るための資金を用意することができなければ、建替えを進めることはできません。また、建替え工事のための費用を調達できなければ、たとえ住民全員の賛成があっても建替えは断念せざるを得ません。ただし、費用の問題は、いくつか解決策があります。たとえば、建替え後のマンションの総戸数を増やすことができるのであれば、増加分の住戸を分譲会社に提供することで、建替えのための資金を調達することができます。一定の場合には、国や地方自治体の補助制度を利用することができます。

マンションの老朽化が進んでいる場合には、大規模な修繕もしくは建替えが必要不可欠となります。そのため、さまざまな角度から大規模な修繕もしくは建替えの工事の検討を行うことが必要です。

## マンションの建替え手続きは

マンションの建替えを検討する場合、まず区分所有者の意思確認のための集会（総会）を招集します。招集通知には、集会の開催日・場所・目的の他、①建替えを必要とする理由、②建替えをしない場合の修繕にかかる費用とその内訳、③修繕に関する計画がある場合にはその計画内容、④修繕積立金の金額を記載し、開催日の少なくとも2か月前までに通知します。次に、集会開催日の1か月前までに、建替えについての説明会を開くことが必要です。説明会の通知は、開催日の

■ マンション建替えの主な手続き

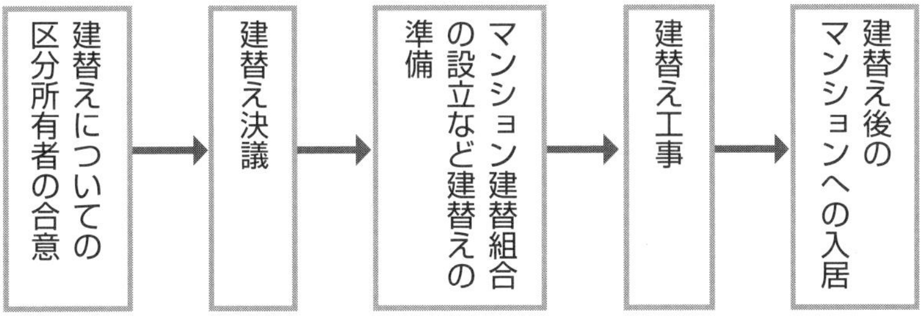

１週間前までに行います。これらの段階を経て、建替え決議をするための集会を開くことができます。

集会においては、区分所有者と議決権の各５分の４以上の賛成を得ることで、建替えが承認されます。建替え決議では、①新たに建築するマンション（再建建物）の建築についての設計の概要、②建替え費用の概算額、③建替え費用の分担、④再建建物の区分所有者の帰属、を決めておく必要があります。その後、建替え決議に反対した者に対し、建替えに参加するかどうかを回答するように文書で求め、参加しない者に対しては、建替えに参加する区分所有者などが時価で区分所有権などを売り渡すよう請求します（売渡し請求）。これらの準備が整えば、建替え工事に向けて動き出すことができます。

## 建替えか修繕かの判断

老朽化の進んだマンションでは、建替えか修繕かの判断が難しく、結論が出せないことも多いでしょう。国土交通省は「マンションの建替えか修繕かを判断するためのマニュアル」を公表しています。それによると、おおよそ次のような流れで、建替えか修繕かを判断すべきであるとされています。

まず、マンションの老朽化がどの程度進んでいるか、区分所有者にどのような不満やニーズがあるか、を的確に把握します。その上で、区分所有者の多数意見として、どの程度の改善を望んでいるのかという「改善水準」を設定します。そして、改善水準を修繕によってクリアする場合と建替えによってクリアする場合とで、①どちらが改善効果が高いか、②どちらが費用がかからずにすむか、といった観点から総合的に比較検討を行います。とくに建替えは相当な費用がかかりますから、区分所有者の全員が建替えに賛成するケースはあまりないでしょう。反対者の意見も十分に配慮し、「なぜ建替えが必要なのか」を納得できるような形で示せるかがポイントになります。

**Q** **マンションの建替えに反対したい場合、どのような方法で反対を主張すればよいのでしょうか。また、建替え決議がなされた後は、どのように対応すればよいのでしょうか。**

**A** マンションの建替えは、総会（集会）の決議で区分所有者と議決権の各５分の４以上の賛成が必要です。建替えを阻止するには、賛成派を説得することで、反対派を５分の１を超える数だけ集めなければなりません。しかし、反対派が５分の１を超えて集まらず、建替え決議がなされた場合は、議事録に各区分所有者が建替えに賛成したか反対したかが記載されます。この記載は、後述する建替えに参加するか否かの回答を求める書面の送付に利用されます。

そして、建替え決議においては、①再建建物（新たに建築するマンション）の建築についての設計の概要、②建替え費用の概算額、③建替え費用の分担、④再建建物の区分所有権の帰属（再建建物に対する区分所有権の権利内容）、という「４つの事項」を必ず定めなければなりません。裁判例によると、これらを１つでも定めていない建替え決議は無効とされています。反対派は、これらを定めていないから建替え決議が無効である、と裁判で争うことが可能です。

**●建替えの参加者と非参加者を確定させる手続きを経る**

建替え決議の後、反対派に対しては、建替えに参加するかどうかの回答を求める書面が届きます。この書面に対して、２か月以内に「建替えに参加する」と回答をしなかった場合は「建替えに参加しない」と回答したとみなされます。したがって、集会の決議では反対したが建替えには参加したいという場合には、２か月以内に「建替えに参加する」と回答することが必要です。

この手続きにより、建替えの参加者と非参加者が確定します。建替えの参加者は、賛成派および上記の書面に「参加する」と回答した反対派です。これに対し、建替えの非参加者は、上記の書面に「参加しない」と回答したか、何も回答しなかった反対派です。

●**非参加者の区分所有権などを買い取ることができる**

建替えの参加者と非参加者が確定した後、参加者は、非参加者に対し、非参加者の区分所有権など（区分所有権および敷地利用権）を時価で売り渡すよう請求ができます。これを**売渡し請求**といいます。売渡し請求がなされると、自動的に売買契約が成立しますので（形成権といいます）、非参加者は、代金の支払いと引換えに、マンションから退去しなければなりません。

売渡し請求に関しては、買受指定者（建替えの参加者全員の合意により指定した人）が、非参加者に対し時価で売り渡すよう請求することも可能です。買受指定者は参加者以外（デベロッパーなど）でもかまいません。マンション建替法（マンション建替え等円滑化法）に基づき設立されたマンション建替組合が、非参加者に対し時価で売り渡すよう請求することも可能です。

なお、マンション建替組合が建替事業を施行する場合は、マンション建替法に基づき、マンション建替組合が権利変換計画を策定し、マンション建替組合の総会の決議を経るなどの手続きを経て、建替え前のマンションに対する権利を建替え後のマンションに移行することができます。この権利変換の手続きにより、「区分所有権に設定した抵当権が建替えに伴って消滅し、住民がいったんローン残金を金融機関に完済しなければならなくなる」といった事態を回避できます。

## ■ 住民が建替えに反対する場合の手段

- **5分の１を超える反対派を集める ⇒ 決議の否決が可能**
  ※建替え決議の後は、建替え参加の有無に関して２か月以内に返答しなければ、参加しない意思の表明になる
- **建替え決議の無効を主張する**
  ※４つの事項のうち１つでも定めない建替え決議は無効

Q 今度マンションの耐震強度確認検査を行うようなのですが、耐震性が足りなかった場合には、どのような手段をとることが考えられるのでしょうか。

A マンションの耐震強度を確認した結果、耐震性が十分ではないという場合があります。このままでは住民（区分所有者）が安心して居住することができないため、住民としては、修繕もしくは建替えという方法を採ることが考えられます。

修繕に関しては、大規模な工事であっても、共用部分の形状および効用の著しい変更を伴わないものでなければ、区分所有者および議決権の各過半数の賛成を得て行うことができます。また、区分所有者および議決権の各５分の４以上が賛成を得れば、共用部分の形状または効用の著しい変更を伴う修繕や、マンションの建替えを行うことができます。

これらの修繕や建替えが適切に行われれば、耐震強度不足を解消することが可能です。しかし、区分所有者が修繕や建替えにあたり、住民（区分所有者）が多大な費用を負担しなければならず、適切な修繕や建替えが行われにくいという状況があります。そこで、規模の大きな地震がたびたび発生するわが国では、住民の生命や身体を保護するために、マンションの耐震性不足を解消することが緊急の課題になっていることを踏まえ、マンション建替法により、**マンション敷地売却制度**が認められています。マンション敷地売却制度は、修繕や建替えが期待できない場合の選択肢として期待されています。

マンション敷地売却制度は、基本的に住民がマンションとその敷地を第三者（買受人）に売却し、買受人がマンションを取り壊し、その敷地にマンションを新たに建設する制度です。買受人が新たに建設したマンションに従来の住民も入居することも可能ですが、他の住宅に移り住むことも可能であるため、新たなマンションの建設にあたり住民が費用負担をしなくてよいというメリットがあります。

従来は、マンション敷地売却制度の対象は、耐震性不足が原因で要除却認定を受けたマンションに限定されていました。しかし、令和２年成立のマンション建替法改正により、①外壁の剥落や落下により危害を生ずるおそれがある、②給水、排水、その他の配管設備の損傷や腐食などにより衛生上有害となるおそれがある、③バリアフリー性能が確保されていない、のいずれかの原因で要除却認定を受けたマンションについても、マンション敷地売却制度の対象に追加されました。

そして、上記の要除却認定を受けた後、区分所有者、議決権、敷地利用権の各５分の４以上の賛成によってマンション敷地売却決議を行い、マンションとその敷地を一括して売却します。マンション敷地売却制度は、多数決による一括売却を可能にするものです。もっとも、マンション敷地売却制度は、マンションが要除却認定を受けることと、適切な買受人が現れることが前提になっています。

また、敷地を購入した買受人が、新たなマンションを建設しやすいように、特定行政庁（都道府県知事もしくは建築主事を置く市町村の長）の許可を得ることで、容積率の制限が緩和されることがあります（容積率の緩和特例の制度）。これらの制度により、耐震性不足などのマンションの解消に向けて支援する制度が整えられています。

## ■ マンション敷地売却の手続き

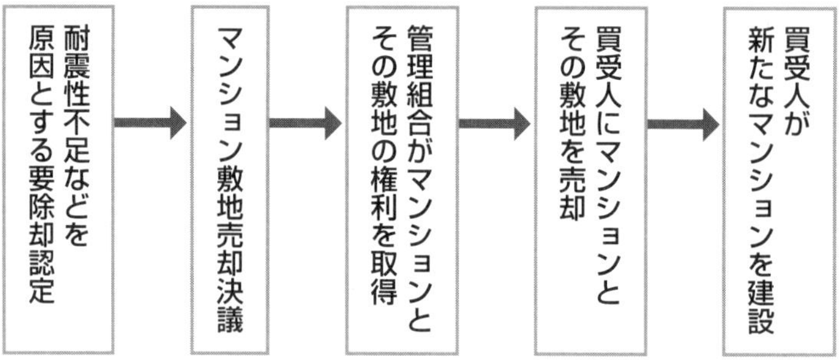

# 第７章

# 専有部分・共用部分・敷地の使用・防犯対策などの法律問題

# 1 共用部分や専用部分の管理・修繕について知っておこう

管理業者に委託するかどうかを総会で決める

## 専有部分と共用部分の区別

分譲マンションの共用部分は、法律上当然に共用部分になる部分である法定共用部分と、規約（管理規約）の定めによって共用部分になった部分である規約共用部分に分類されます。

一方、専有部分に該当するのは、構造上の独立性と利用上の独立性が認められる部分です。たとえば、構造上の独立性があっても、集会室のように規約共用部分になった部分は、利用上の独立性を欠く（住民が広く利用できる）ため、専有部分ではなく共用部分に含まれることになります。

もっとも、区分所有法には、専有部分であるか共用部分であるかを判断するための具体的な基準を定めていません。どちらに該当するのかを判断するのが難しい部分も存在することから、マンション標準管理規約７条、８条では、専有部分と共用部分の範囲を詳細に定めています。どちらに該当するかによって、後述のように管理や修繕について大きな違いが生じます。したがって、規約によって専有部分と共用部分の範囲を詳細に定めておくことが重要です。

## 共用部分をどのように管理するか

専有部分の管理は、これを所有する住民（区分所有者）が自ら行うのが原則です。しかし、共用部分の管理は、マンション標準管理規約では管理組合が行うと定めています。共用部分を快適な状態に維持するには管理が不可欠です。共用部分の管理に関係するおもな業務として、①清掃、②維持管理、③保安管理、④事務処理があります。

①清掃には、玄関ホール、廊下、階段、エレベーターホールの掃除をはじめ、配管や貯水槽といった付属物の清掃も含まれます。②維持管理には、エレベーターや冷暖房設備の保守点検、電灯の交換、ガラスや集合ポストの破損の補修などが考えられます。③保安管理としては、駐車場・駐輪場の盗難防止や不審者の進入防止の対策、④事務処理には、管理費や組合費、修繕積立金といった金銭の出納事務、マンション全体の保険契約や対外折衝などがあります。

管理に関係する業務については、管理組合が行えば、余計な費用がかかりません。ただ、管理業務にはそれなりの時間と労力が必要ですから、住民の事情によっては、費用を分担して管理業者に管理を委託するというのも一つの方法でしょう。もっとも、とくに購入時に分譲業者の指定した管理会社と管理委託契約を締結しているときは、費用を一方的に決定させられ、管理の状況把握が難しいケースがありますから、管理会社の業務に不満がある場合にはその変更を検討します。

## マンション内の倉庫や車庫に対する権利の内容

マンション内にある倉庫や車庫のような独立した部分に対し、区分

### ■ マンション標準管理規約７条が定める専有部分の範囲 ………

| | | |
|---|---|---|
| ①住戸番号を付した住戸 | | 専有部分 |
| ②住戸番号を付した住戸を他から区分する構造物 | 天井<br>床<br>壁 | ・躯体部分（マンションの構造を支える骨組み部分）は共用部分<br>・それ以外の部分は専有部分 |
| | 玄関扉 | ・錠と内部塗装部分は専有部分<br>・それ以外の部分は共用部分 |
| | 窓枠<br>窓ガラス | 共用部分 |
| ③上記①②の専有部分の専用に供される設備 | | ・共用部分内にある部分は共用部分<br>・それ以外の部分は専有部分 |

所有者がどのような権利を持っているかについては、マンションごとに違います。具体的には、①区分所有者全員の共用部分とする、②独立の不動産として個別に所有権の登記をする、③賃貸借契約を結んで使用するなどの形があります。

①のように共用部分とした方が都合がよい設備である場合、規約の定めにより共用部分とされることがあります。この場合は、規約共用部分として扱われますので、その管理は共同して行います（管理組合が行うのが通常です）。なお、特定の者に対し専用使用権を認めることもできます。②の独立の不動産として扱う場合は、販売業者と譲渡契約を結んで所有権移転登記を受け、正式な所有者になります。③の賃貸借契約の場合は、販売業者などが所有権をもち、利用者と賃貸借契約を結ぶという形をとります。

## 専有部分・共用部分と使用・収益ができる人

マンション内の設備などが専有部分か共用部分かどうかで、それを使用・収益できる権利者が異なります。たとえば、マンション内の駐車場部分を分譲業者が使用している場合、その駐車場部分が共用部分にあたるとすれば、分譲業者は権利もないのに駐車場を独占使用していることになります。反対に、駐車場部分が専有部分で、かつ、分譲業者の専有部分である場合、駐車場の所有者は分譲業者です。

駐車場部分を含めて、マンション内の独立性のある設備などが専有部分であるか規約共用部分であるかは、登記所（法務局）から登記簿謄本（登記事項証明書）を取り寄せることで確認ができます。

## 専有部分を修繕するときの手続き

マンションの住民（区分所有者）は、その専有部分について所有権を持っています。したがって、住民は、自己の専有部分の修繕などが必要になった場合には、原則として自由に行うことができます。区分所有法では、区分所有者は、専有部分を保存・改良するために必要な範囲内で、他の住民の専有部分や自己の所有ではない共用部分の使用を請求できると規定しています。

その一方で、マンション標準管理規約では、専有部分の修繕などに対して、あらかじめ理事長の承認が必要になる場合があることが定められています。理事長の承認が必要になるのは、共用部分もしくは他の専有部分に影響を与えるおそれがある修繕工事などを行うときです。たとえば、ユニットバスの設置、主要構造部に直接取り付けるエアコンの設置、配管の枝管の取付け・取替え、間取りの変更などが挙げられます。もっとも、前述のように専有部分の修繕などは、原則として自由に行うことができるものですから、理事長としては、承認の判断をする際は過度な規制にならないよう留意する必要があります。

なお、マンション標準管理規約では、承認が必要な修繕工事などについて、承認の請求先は理事長であると定めていますが、承認の有無に関しては理事会の決議を必要とすると定めています。

## ■ マンション標準管理規約８条が定める共用部分の範囲 ………

| |
|---|
| エントランスホール、廊下、階段、エレベーターホール、エレベーター室、共用トイレ、屋上、屋根、塔屋、ポンプ室、自家用電気室、機械室、受水槽室、高置水槽室、パイプスペース、メーターボックス（給湯器ボイラー等の設備を除く）、内外壁、界壁、床スラブ、床、天井、柱、基礎部分、バルコニー等専有部分に属さない「建物の部分」 |
| エレベーター設備、電気設備、給水設備、排水設備、消防・防災設備、インターネット通信設備、テレビ共同受信設備、オートロック設備、宅配ボックス、避雷設備、集合郵便受箱、各種の配線配管（給水管については、本管から各住戸メーターを含む部分、雑排水管及び汚水管については、配管継手及び立て管）等専有部分に属さない「建物の附属物」 |
| 管理事務室、管理用倉庫、清掃員控室、集会室、トランクルーム、倉庫及びそれらの附属物 |

**Q** 部屋の天井や床などの専有部分の工事費は区分所有者が負担しないといけないのでしょうか。管理組合に負担してもらうことはできるのでしょうか。

**A** 部屋の天井や床は専有部分であり、専有部分は区分所有者が所有権を持っているため、その工事費は区分所有者が負担します。しかし、専有部分であるか共用部分であるかは曖昧で、管理規約(規約)の定めに照らして判断するのが一般的です。多くのマンションが依拠しているマンション標準管理規約では、部屋（住戸）の天井・床・壁は、躯体部分（マンションの構造を支える骨組み）を除く部分が専有部分であるのに対し、部屋の玄関扉は、錠や内部塗装部分が専有部分であると定めています。また、窓枠や窓ガラスは専有部分でないとも定めています。

たとえば、水漏れが起こった場合は、その発生場所を確認し、そこが専有部分・共用部分のどちらに該当するのかを確認した上で、対応について判断することになります。なお、マンション標準管理規約では、境界部分の骨格をなす中央部分は共用部分ですが、その上塗り部分（部屋の壁紙や塗装部分）は専有部分に含まれると定めています。

**Q** 無償で共用部分の駐車場などの専用使用権を有している区分所有者に対し、専用使用権を廃止または有償化する場合、区分所有者の承諾を得る必要があるのでしょうか。

**A** 無償であった共用部分の専用使用権を廃止・有償化するには、総会の特別決議を経て規約（管理規約）を変更する必要がありますが、その変更が一部の区分所有者の権利に「特別の影響」を及ぼすときは、その承諾を得なければなりません（区分所有法31条)。「特別の影響」とは、区分所有者の受ける不利益がその受忍すべき限度を超える場合とされています。たとえば、駐車場の使用料を規約変更により増額する場合、増額の必要性と合理性が認められ、かつ、社会通念上相当な額であれば、駐車場の専用使用権を有する区分所有者に「特段の影響」を及ぼすものではなく、その承諾は不要と考えられます。一方、無償であった駐車場の専用使用権を廃止するとの規約変更がなされ、それにより専用使用権を有する区分所有者が受ける不利益が受忍限度を超えると認められる場合には、その承諾がない決議は無効です。

このように、区分所有者の承諾が必要か否かは、その区分所有者が受ける不利益が受忍限度を超える「特別の影響」を及ぼす場合に該当するかどうかで判断されることになります。

## Q 専有部分の無断修繕をした区分所有者には管理組合として、どのように対処したらよいのでしょうか。

**A** 区分所有者は専有部分の所有権を有するため、区分所有法や規約（管理規約）に違反しない範囲であれば、自らの判断で専有部分の修繕などの工事を行えます。しかし、マンション標準管理規約が「共用部分又は他の専有部分に影響を与えるおそれのある」工事を行うときに、理事長の事前承認を要するとの定めを置いていますので、規約に同様の定めがあるかの確認が必要です。

規約があるのに、区分所有者が承認を得ずに専有部分の修繕などを行った場合、理事長は是正のための勧告・指示・警告を行うか、修繕などの差止め・排除などの原状回復に必要な法的措置を取ることが考えられます（標準管理規約67条３項）。すでに工事が始まっている場合は、早急に工事を止める必要があり、その場合は「仮処分の申立て」が有効です。

## Q リフォームをする際に注意すべき点は、どのような事項なのでしょうか。

A マンション標準管理規約17条１項では、区分所有者が専有部分の修繕や模様替えなどをする場合で、共用部分もしくは他の専有部分に影響を与えるおそれがあるときは、あらかじめ理事長に申請して承認を得なければならないと定めています。したがって、規約（管理規約）に同様の定めがあれば、リフォームの前に理事長の承認が必要となることがあります。理事長の承認を申請する際には、どのような工事をするかを記載した設計図や工程表などを提出します。

多くのマンションでは、国土交通省が公表する「マンション標準管理規約」を参考にして規約が作成されていますが、実際の規約の内容はマンションごとに異なります。リフォームを行う場合は、必ず事前に規約の内容を確認し、必要な事項を把握します。

そして、実際にリフォームを行う段階では、他の住民とトラブルにならないよう配慮が必要です。事前にリフォームを行うことを伝え、工事開始後のトラブルの発生を予防します。マンション標準管理規約17条７項では、たとえ理事長の承認を要しない修繕や模様替えなどであっても、共用部分もしくは他の専有部分への影響について管理組合が事前に把握する必要がある工事の内容であるときは、理事長への事前の届出が必要と定めています。

また、リフォームによる騒音を防ぐ措置を講じることも必要です。管理組合で規約を定めておく方法もあります。水回り関係の備品のリフォームに関しては、漏水事故に注意しましょう。

## Q 天井の上にある配水管の漏水が原因で被害を受けていますが、誰に責任を求めればよいのでしょうか。

**A** 上階の専有部分に属する配水管からの水漏れであれば、上階の住民（区分所有者）に責任を求めます。区分所有法では、区分所有者は、自己の専有部分もしくは共用部分を保存・改良するために必要な範囲で、他の区分所有者の専有部分もしくは共用部分の使用を請求できると定めています。もっとも、本ケースでは漏水の原因が上階の専有部分に属する配水管であるかは不明で、原因を突き止めなければ根本的な解決にならないため、管理組合の協力を得ながら立ち入りを申し出ます。拒否された場合には、拒否により生じた損害について損害賠償を請求することが考えられます。

これに対し、共用部分の配水管からの漏水が原因である場合や、漏水の原因を突き止められなかった場合は、区分所有者全員で責任を負うことになるため、管理組合に賠償費用の支払いを請求します。とくに後者については、マンションの欠陥の原因は共用部分にあると推定するという区分所有法９条の規定が根拠となります。また、配水管の設置工事の方法などに不備がある場合には、民法が規定する担保責任（契約不適合責任）に基づいて、売主（分譲業者など）に対して修繕工事や損害賠償を請求することが考えられます。

なお、原則として管理会社の責任はありませんが、管理会社が適切な処置をとっていなかった場合には、その限りではありません。

**Q** **マンションの共用部分「ちびっこ広場」を改築して駐車場を増設することは可能でしょうか。**

**A** 共用部分の変更なので、アンケートなどで組合員（区分所有者）の意見を集め、必要性を確認した後、管理組合の総会（集会）の決議を経ます。区分所有法17条１項では、共用部分の形状もしくは効用に著しい変更を伴うときは、区分所有者と議決権の各４分の３以上の多数による総会の特別決議が必要と規定しています。そして、子ども用の広場を駐車場に改築すると効用も形状も著しく変わりますので、改築を実施するためには特別多数の決議が必要です。

また、規約（管理規約）に「ちびっこ広場」の設置について定めていることも考えられます。この場合は、規約の変更・廃止も行わなければなりません。規約の変更・廃止も、区分所有者と議決権の各４分の３以上の多数による総会の決議が必要です。

さらに、共用部分の変更も規約の変更・廃止も、区分所有者の権利に特別の影響を及ぼす場合があります。特別の影響を受ける区分所有者がいるのであれば、その人から承諾を得なければなりません（区分所有法17条２項、31条１項）。たとえば、広場を駐車場にすることで自動車騒音の影響を受ける住民がいる場合には、その住民が特別の影響を受けると判断される可能性がありますので、その住民から改築の承諾を得ておくべきでしょう。

## Q 隣戸とベランダとの境界にある隔て板が破損した場合、誰が修理費用を負担すべきなのでしょうか。

**A** ベランダやバルコニーにある隣戸との仕切り用の壁である隔て板は、蹴破り板などとも呼ばれます。マンション標準管理規約によると、ベランダやバルコニーは共用部分ですから、これらの一部である隔て板も共用部分となります。もっとも、規約で隣戸の住民との共有と定めている場合もありますので、規約の内容を確認することが必要です。以下は、共用部分であるのを前提に説明します。

まず、破損の原因が老朽化や自然災害である場合、他の共用部分と同様、修理費用は管理組合が徴収している管理費から支出するのが原則です。一方、子どもが隔て板を蹴って破損するなど、住民の故意もしくは過失で破損した場合には、共用部分に損害を与えたわけですから、民法が規定する不法行為にあたり、破損した者（子どもである場合は親）が生じた損害を賠償しなければなりません。

ただ、隔て板には緊急時の脱出経路としての役割があります。強盗の侵入など緊急事態が発生し、隔て板を破壊して隣戸に避難した場合には、破損した住民に責任を問うことができません。この場合は、管理組合が修理費用を負担することになります。

このように、破損の原因によって修理費用の負担者が変わってきますので、専門家の診断などを受けて原因を調べてみましょう。

**Q　地震が発生したわけでもないのに、マンションのエレベーターが急停止して長時間にわたり閉じ込められました。この場合、誰に責任を追及することが可能でしょうか。**

**A**　分譲マンションのエレベーターは共用部分です。共用部分は、区分所有者全員の共用に供される場合だけでなく、一部の区分所有者だけの共用に供される場合（一部共用部分）もあり、どちらに当てはまるかによってエレベーターを管理する人も異なります。

もっとも、エレベーターは、その使用ができる人を一部の区分所有者に限定しているのでない限り、区分所有者全員の共用に供される部分として、区分所有者全員で管理する（点検・修繕は専門業者に委託します）のが一般的です。そこで、エレベーターが区分所有者全員の共用部分であるものとして説明します。

本ケースの場合、エレベーターの構造や設置方法に欠陥があったのであれば、製造業者や工事業者に責任を追及することになります。また、エレベーターの管理ミスがあったために急停止の事故が生じたのであれば、管理会社に責任を追及することになります。まずは、マンションの管理者（原則として理事長）に問い合わせてみましょう。

## Q マンションの外壁がはがれて落下して通行人がケガをした場合、補償や賠償の責任は誰が負うのでしょうか。

**A** 保険への加入の有無を管理組合に確認しましょう。保険に加入していれば、ケガ人に対する補償はその保険で行われますので、個々の住民（区分所有者）が責任を負担する必要はありません。しかし、保険に加入していない場合、外壁は共用部分であり、その部分の占有者・所有者は区分所有者全員です。外壁が落ちた部分の住民だけが外壁の部分を占有・所有しているわけではないですから、区分所有者全員もしくは管理組合が被害者に対して損害賠償責任を負います。なお、民法の規定により、業者の手抜き工事が原因であったとしても、区分所有者は損害賠償責任を免れることができません。

## Q 複合型マンションの管理は、誰がどのように行うのでしょうか。

**A** 複合型マンションとは、部分的に事務所や店舗などが入っている分譲マンションです。複合型マンションでは、管理費などを専有部分の床面積だけを基準に分担するとしたのでは、入居者間

### ■ 外壁が原因の事故と補償・損害賠償請求

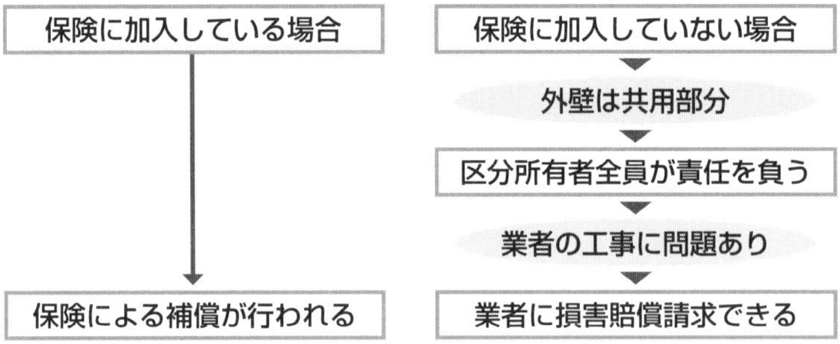

で争いが起こる可能性があります。マンションの構造や利用状況を考慮して、管理費などに関する規約を定めることが重要です。

まず、共用部分を、①区分所有者全員が使用する部分、②事務所や店舗などの入居者のみが使用する部分、③住居の入居者のみが使用する部分、にできる限り明確に分けます。①については、専有部分の床面積に応じて管理費を分担すると定めてよいでしょう。一方、②③は一部共用部分です。一部共用部分は、共用すべき区分所有者の共有となり、その管理も共用すべき区分所有者が行うのが原則です。

しかし、現実には一部共用部分であるか否かかがはっきりしない場所があります。この点を考慮し、区分所有法16条では、一部共用部分であっても、区分所有者全員の利害に関係するものや、区分所有者全員の規約に定めのあるものは、区分所有者全員で管理することができると規定されています。そして、区分所有者全員の利害に関係せず、かつ、区分所有者全員の規約にも定めがない事項については、一部の区分所有者のみで管理することになります。

**Q 時間外のゴミ出しなど、ゴミ置場のルールを守らない住民に対して、管理組合としてできるよい対策はないでしょうか。**

**A** 分譲マンションには、規約（管理規約）や使用細則において、マンションの共同生活を円滑に行うために、共用部分や専有部分の利用について、その方法・時間・制限などに関するルールを定めているのが一般的です（区分所有法30条）。共用部分に関しては、おもに集会所、ホール、出入口、外壁、屋上などの利用について定められています。専有部分に関しては、おもにペット飼育の制限、ピアノなどの演奏時間の制限、夜間のステレオや洗濯機の音量規制などが定められています。そして、規約では大まかな内容を定め、具体的かつ詳細な内容は使用細則で定めるのが一般的です。

時間外のゴミ出しは、区分所有者の共同の利益に反する行為といえますから、共用部分を管理する管理組合としては、その行為をやめさせるための措置を講ずる必要があります。たとえば、ゴミ出しの時間帯が決まっているのであれば、ゴミ置き場のドアの開閉を管理組合で管理するようにします。また、外部業者にゴミ置き場の清掃や消毒を委託するのも一つの方法です。ゴミ出し時間の厳守を求めるチラシを配布したり、ゴミ置き場に看板を立てて時間厳守を呼びかけたりして、区分所有者に任意の履行を促すのも効果的です。

**Q 電気の容量を増やしたいという区分所有者のために、マンション全体の電気容量を増やすことは可能でしょうか。**

**A** 管理組合としては、希望した住民から順番に許可を出してしまうと、マンション全体の容量が一杯になった後が大変です。全体の容量を超えた後に希望を出した住民は、そのままでは容量の増加ができないからです。したがって、将来の希望を見越して、全体の電気容量の増加工事を行うことが必要になるでしょう。この工事は共用部分の変更にあたるので、原則として、管理組合の総会（集会）で区分所有者と議決権の各４分の３以上の賛成（特別決議）が必要です。ただし、共用部分の形状および効用の双方について著しい変更を伴わない工事であれば､区分所有者と議決権の各過半数の賛成（普通決議）で足ります。電気容量の増加工事にあたり、負担が各住民５万円前後であれば、通常は普通決議で足りるといえるでしょう。

ただし、先に希望者に個別許可で対応しており、その後にマンション全体の容量を増加させる決議をすると、すでに許可を受けた住民は新たに負担をしたくないと思うでしょう。そのため、決議が可決されないことになりかねませんから、全体の容量に余力があっても、先に増加工事をしてから個別の容量を増やすべきでしょう。

# 2 敷地の使用やその他の法律問題について知っておこう

自己判断だけで違法駐輪の自転車の処分を行ってはならない

## 敷地内への違法駐輪を防ぐためのの対応

たとえば、マンションの関係者（区分所有者や賃借人など）以外の者が、マンション内の敷地に勝手に駐輪することをやめさせる方法はあるのでしょうか。まず、来客用の自転車置き場を用意し、マンションに自転車で来た人に対して、訪問先を届け出てから停めてもらうようにします。これにより、マンションへの来客者の自転車であるか、まったくの部外者の自転車であるかを区別することができます。

その上で、来客用の自転車置き場以外の場所に停められている自転車には、管理組合が警告札をつけておきます。このような自転車にも所有者がいるので、事前の予告なく撤去して別の場所に移動させてしまうと、後々問題になる可能性があります。そこで、まずは警告札を自転車につけることから始めます。警告札には「自転車を移動させない場合には管理組合で撤去し、一定期間が経過した後に処分します」という文言を記載しておきます。一時的な駐輪の場合は、毎日このような警告札が貼られていると駐輪しにくくなるものです。

## 警告札に従わない場合の対処法

警告札をつけても繰り返し停めている自転車や、明らかに放置されている自転車は、当初の警告通り移動させて管理を行います。

このとき、移動に不自由だからといって、チェーンロックなどを破壊することは避けなければなりません。管理組合は、違法駐輪された自転車の所有権を取得しているわけではありませんので、自らの判断だけで処分する（リサイクル業者に売却する、ゴミとして廃棄するなど）ことはできません。管理組合がチェーンロックの破壊や自転車の処分などをすると、その所有者から損害賠償請求をされるだけでなく、器物損壊罪などで刑事告訴される危険もあります。

したがって、所有者がわかる自転車は引取りを求めます。引取りに応じない場合は、警察に遺失物（落し物）として届け出ます。所有者がわからない自転車は、警察で所有者を確認します。所有者は防犯登録から確認ができます。これと同時に、盗難の届出がでているかどうかも確認します。その後に遺失物として届け出ます。

具体的な撤去の要件は、警察と相談してマニュアルを作るようにしましょう。遺失物の取扱いについては、民法や遺失物法という法律を参考にしてマニュアルを作成します。民法や遺失物法によると、遺失物や他人が置き去った準遺失物は、警察に届出を行い、警察が３か月保管した後、所有者が現れなければ、遺失物を拾った人が自由に処分できるようになります。放置自転車は「準遺失物」にあたりますので、３か月を経過すれば、管理組合が自由に処分ができますので、売却することもゴミとして廃棄することも可能になります。

## ■ 部外者による駐輪への対処方法 ……………………………

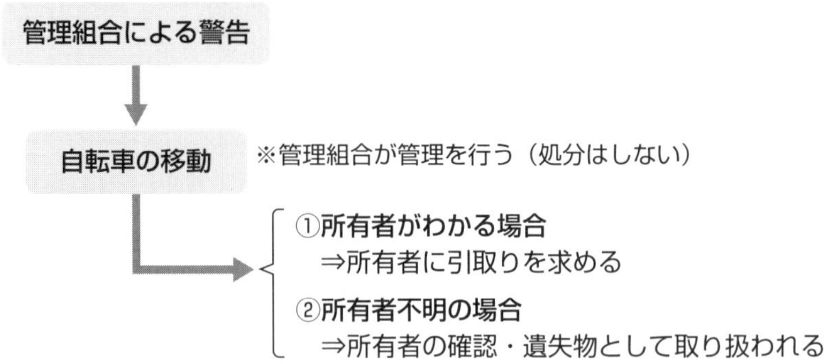

**Q マンションの登記は一般の土地・建物の登記と記載が異なると聞いたのですが、具体的にはどのような違いがあるのでしょうか。**

**A** マンションには、①複数の人が別々の部屋（専有部分）に対して所有権を持っている（区分所有権といいます）、②一つの建物を共有している、③敷地に対してそれぞれが使用権を持っているという特徴があります。そのため、とくに部屋の多い大規模マンションでは、一般の登記方法によると、敷地利用権を誰がどれだけ持っているのかがわかりにくい、といった不都合が生じます。そこで、分譲マンションなどの区分所有建物の登記簿は、建物全体の表題部（不動産の物理的状況を記載する欄）に一棟の建物に属するすべての専有部分の家屋番号、敷地権（敷地を利用する権利）の目的となる土地の所在地などを記載し、権利関係を明確化しています。

区分所有建物の場合、それが建っている土地は区分所有者全員の共有となり、各区分所有者は、原則として、部屋の床面積の割合に応じて、その土地を利用する敷地利用権という持分を有することになります。建物と土地を分離して処分することが禁じられている区分所有建物には「敷地権の登記」がなされており、専有部分の表題部には、敷地権の種類や割合（持分）が記載されています。そのため、建物の登記簿に権利移転の登記をするだけで、敷地権についても権利移転の登記をしたのと同じ効力を得られるようになっています。

**Q マンションの一室に暴力団事務所が入っているのですが、立ち退いてもらうことは可能でしょうか。**

**A** 問題の暴力団が「暴力団員による不当な行為の防止等に関する法律」（暴力団対策法）に基づいて都道府県公安委員会に

指定されている指定暴力団もしくは指定暴力団連合（おもに指定暴力団によって構成される団体）であるかどうかで対応が異なります。指定暴力団もしくは指定暴力団連合（まとめて「指定暴力団等」といいます）である場合は、暴力団対策法が規定する「暴力団事務所使用差止請求制度」の利用が可能です。この制度は、国家公安委員会から指定を受けた団体が、暴力団事務所の付近住民から委託を受けて、事務所使用差止訴訟などを行うというものです。

また、暴力団が指定暴力団等であるか否かにかかわらず、区分所有法に基づいて、次の手段をとることが考えられます。まず、マンションの保全に有害な行為や、他の区分所有者の共同の利益に反する行為をしている暴力団に対しては、その行為停止や使用禁止などの措置を請求できます。ただし、使用禁止の請求は、裁判所への請求によらなければならない他、総会（集会）の特別決議（区分所有者と議決権の各４分の３以上の賛成）が必要です。また、暴力団の行為によって他の区分所有者に著しい損害が生じており、他の方法では共同生活が維持できない場合は、他の区分所有者全員もしくは管理組合法人は、総会の特別決議を経て、裁判所に対し、暴力団の所有している部屋の区分所有権と敷地利用権の競売の請求ができます。

### ■ 暴力団事務所に対する扱い

- **指定暴力団**　事務所での禁止行為が列挙されている
- **その他の暴力団**
  - ・総会決議に応じて、迷惑行為の禁止を求めることが可能
  - ・契約の解除と暴力団が使用している部分の引渡し請求が可能

➡ 住民で集会を開き、区分所有者と議決権の各４分の３以上の賛成決議により訴えを起こすことが必要

なお、賃貸マンションであっても対策を講じることができます。マンションの賃貸借契約書で、賃借人が暴力団などの反社会的勢力と関わりがないことを保証することが記載されている場合は、賃借人が暴力団と関わりをもつことは契約違反となるため、区分所有者である賃貸人は、賃貸借契約の解除ができます。また、区分所有法に基づいて、他の区分所有者全員もしくは管理組合法人は、他の区分所有者に著しい損害が生じており、他の方法では共同生活が維持できない場合、総会の特別決議を経て、賃貸借契約の解除と立退きを裁判所に請求できます。

**Q　居住者が部屋を他人に貸すようなのですが、暴力団や半グレといった人が入居してくるのを阻止する手段はありますか。**

**A**　暴力団もしくは半グレ（暴力団ではないが犯罪行為などを繰り返す集団のこと）と呼ばれるような人、つまり反社会的勢力に属する人がマンションに入居してくるのを阻止する方法としては、規約（管理規約）に反社会的勢力に属する人へ部屋を貸すことを禁止する内容の規定を置く方法があります。たとえば、規約で「区分所有者が第三者に部屋を貸すときには、その賃貸借契約書の条項の中に、賃借人が反社会的勢力（暴力団、暴力団関係企業、総会屋もしくはこれらに準ずる者またはその構成員）に属さず、契約後も反社会的勢力に属さないことを確約する文言を入れること」という内容を定めておきます。これにより、反社会的勢力が当該マンションに入居してくることを未然に防ぐことができます。

また、規約で「賃貸借契約書の条項に、①賃借人が反社会的勢力に属することが判明した場合には、賃貸人は催告をしないで賃貸借契約を解除できる、②区分所有者が賃貸借契約の解除をしない場合は、管理組合が代理して契約の解除をすることができる、という文言を入れること」を定めておきます。これにより、反社会的勢力がマンションに入居しても、これをマンションから追い出す方策を講じることが可能になります。ただし、賃貸借契約の解除は、警察との連携の下で、身の安全を確保しながら進めていくようにしましょう。

**Q　全住戸住宅専用の説明で購入したのですが、隣人が学習塾を開いているようです。居住目的以外に利用しても問題ないのでしょうか。**

**A**　分譲マンションにおける区分所有者は、共用部分については共有持分権を持っており、その用法に従って使用することができますが、自分勝手な使用はできません。一方、自分が所有する専有部分については、自由に使用・収益もしくは処分することができますが、規約に「住居以外に使用してはならない」という定めがある場合は、住居以外（居住目的以外）に使用すると規約違反となります。

本ケースの場合、「住居以外に使用してはならない」という規約があれば、学習塾などを開くことは規約違反となります。この場合は、管理組合を通じて学習塾の閉鎖を申し入れます。一方、規約に使用の目的が定められていなければ、とくに問題がないといえます。ただ、隣人が学習塾を開いており、騒音やゴミ投棄などの被害が生じているときは、管理組合に相談して改善策を講じてもらいましょう。

なお、マンションが分譲ではなく賃貸の場合も、賃貸借契約書に「使用の目的を住居用に限定する」という記載があれば、賃借人は、住居用以外の目的（居住目的以外）で居室を使用することができません。この場合は、賃貸人から契約を解除されたり損害賠償を請求されたりすることがあります。

# 3 マンションの防犯対策について知っておこう

共用部分の防犯措置については総会の決議が必要になる

## どんな対策ができるのか

一般的には、防犯カメラの設置やドアの鍵の交換、窓の交換などが防犯対策として考えられます。また、部外者が無許可で立ち入ることを防ぐために、オートロックシステムを備えることも考えられます。

手続きや費用の負担については、防犯対策を施す箇所が共用部分か専有部分かによって違います。その箇所が共用部分か専有部分かの判断は、マンションの構造あるいは規約（管理規約）に基づいて決まります。ここではマンション標準管理規約に沿って説明します。

まず、防犯対策を施す場合の手続きですが、専有部分であれば、各区分所有者が、自分の費用と判断で防犯対策を施すことができます。

一方、共用部分のうち各住戸に附属する窓枠、窓ガラス、玄関扉（玄関ドア）などを改良して防犯対策を施す場合は、マンション標準管理規約22条にいう「窓ガラス等の改良」にあたりますので、原則として、管理組合が費用を負担して計画修繕として行います。ただし、管理組合が速やかに実施できないときは、事前に理事長の承認を受けることで、自らの費用で工事を行うことができます。

そして、その他の方法による共用部分への防犯措置は、共用部分の管理に関する事項にあたりますので、総会（集会）の普通決議（共用部分の形状や効用の著しい変更であれば特別決議、区分所有法17条1項）を経なければ行うことができず、管理組合の費用と判断で行うことになります（マンション標準管理規約21条1項）。

たとえば、部屋の玄関扉の場合、鍵と内側塗装部分は「専有部分」にあたるのに対し、その他の部分は「共用部分のうち各住戸に附属する玄関扉」にあたります。したがって、鍵の交換だけであれば、各区分所有者が自らの費用と判断で行えます。ダブルロックにするなど、玄関扉の外側にかけて改良するときは、理事長の承認で行えます。しかし、玄関扉や窓ガラスの交換は改良を超える工事ですから、共用部分の管理として総会の普通決議に基づいて行うことになります。

## 警備員の配置

防犯対策として警備員を配置する方法があります。警備員の配置は人件費がかかりますが、人件費をむやみに安くしようとすると、警備員の人数不足や能力の問題が生じたりして、防犯体制に不備が生じてしまう可能性があります。そのため、マンションのセキュリティの確保とその費用のバランスを考えることが必要になります。

警備員の配置については、どのような時間帯に配置するかが重要です。通常の住宅街の中にあるマンションであれば、昼間は管理員のみにマンション管理を任せ、夜間のみ警備員のみを配置するという体制をとる方法もあります。その他、監視カメラの設置もマンションのセキュリティ確保のために有効な手段です。警備員と監視カメラなどを組み合わせて、マンションの防犯体制を確立します。

■ マンション管理のためのさまざまな対策

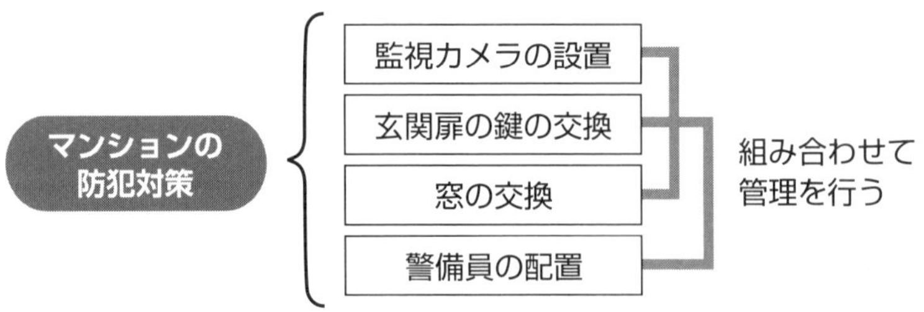

# 第8章

# すぐに使える！
# 管理規約・指針・契約書・
# 法的手段の活用法

# 1 標準管理規約と標準管理委託契約書の読み方・使い方

国土交通省が出しているモデル書式や指針を参考にして管理の適正化をはかる

## モデル書式や指針がある

国土交通省のホームページには、管理会社にマンション管理を委託する場合の管理委託契約書のモデル書式である「マンション標準管理委託契約書」の他、マンション管理にあたって留意すべき項目と対応を示した「マンション管理標準指針」、管理規約を定める際のモデル書式である「マンション標準管理規約」（各条項について解説している「コメント」もあります）が掲載されています。これらのモデル書式や指針を参考にして、マンション管理のより一層の適正化を図るとよいでしょう。

## マンション標準管理委託契約書とは

上記の通り、マンション標準管理委託契約書は、国土交通省が作成した管理委託契約書のモデル書式です。管理組合がはじめて管理会社にマンション管理を委託する場合や、別の管理会社に委託先を変更する場合には、管理会社との間で管理委託契約を締結する必要があります。その際、マンション標準管理委託契約書を参考にして契約書を作成すれば、法律の知識に乏しくても管理会社との間で適切な契約を結ぶことができます。マンション標準管理委託契約書は、あくまでモデル書式ですから、個々のマンションの実情に合わせて適宜、各条項を修正するとよいでしょう。

管理委託契約を締結する場合、管理会社は、重要事項について説明会を開催しなければなりません。おもな重要事項として、以下のような事項が挙げられます。

① 管理会社の商号または名称、住所、登録番号、登録年月日
② 管理の対象となるマンションの所在地
③ 管理事務の内容、実施方法
④ 管理事務に要する費用と支払方法
⑤ 契約期間
⑥ 契約の更新、解除に関する事項

管理会社は、説明会の1週間前までに、これらの重要事項と説明会の日時・場所を記載した書面を区分所有者全員に送付しなければなりません。その後、総会（集会）の決議において、管理会社にマンション管理を委託することが可決されたら、管理組合と管理会社との間で管理委託契約を締結します。

## マンション標準管理規約とは

管理規約（規約）は、マンション管理について定めた基本的なルールです。マンションの使用方法や共同生活における約束事を広く定めています。この管理規約を定める際の参考として国土交通省が作成したのが「マンション標準管理規約」です。

マンション標準管理規約には、①単棟型、②団地型、③複合用途型の3種類があります。①単棟型とは、通常の住居専用のマンションについて定めた標準管理規約です。②団地型とは、団地に特有の事柄を付け加えて定めた標準管理規約です。③複合用途型とは、店舗と住居が一体となったマンションなどを念頭においた標準管理規約です。本書では、代表的な「①単棟型」の標準管理規約だけを掲載しました。

## 管理組合の役員のなり手不足への対応

近年、管理組合の役員（理事長を含む理事および監事）のなり手不足が問題となっています。これに対応するため、マンション標準管理規約は、平成23年の改正で、現にマンションに居住しているか否かを

問わず、すべての組合員（区分所有者）に管理組合の役員の資格を与える、という見直しを行いました。さらに、平成28年の改正で、組合員に限定することなく、弁護士や建築士などの外部専門家にも管理組合の役員の資格を与える、という見直しを行いました。

そして、平成28年改正では、役員のなり手を外部専門家まで広げたことに対応し、暴力団追放の取り組みを強化しています。具体的には、暴力団員に住戸を貸さない、暴力団員等（暴力団員および暴力団員でなくなった日から５年を経過しない者）は管理組合の役員の資格を有しない、といった条項を整備しました。

## コミュニティ形成に要する費用の取扱い

マンション標準管理規約は、平成28年の改正で、マンションの維持・管理のために組合員から徴収する管理費の使途として、「コミュニティ形成に要する費用」という項目を削除しました。サークルや親睦会などに参加しない組合員との間で、管理費の支出をめぐりトラブルが発生していることを考慮したものです。マンション管理に関わりのない活動の経費は、管理費ではなく参加費を徴収するなどして対応することが求められます。

## 緊急時の保存行為への対応など

マンション標準管理規約は、平成28年の改正で、災害等の場合の管理組合の意思決定に関して、緊急時の補修などの保存行為（23ページ）は理事長が単独で判断することが可能になり、緊急時の応急修繕は理事会で決定できることとし、権限を一部強化しています。

その他、平成28年改正では、管理費等の滞納者に対して、督促などの必要な措置を講じることを規定しました。

**Q** 災害や事故発生時に非協力的な区分所有者に対して、管理組合としてはどのように対処すればよいのでしょうか。

**A** 平成28年に改正されたマンション標準管理規約では、緊急時に理事長（または理事長の委任を受けた人）による専有部分への立入りを認める規定が追加されました。これと同様の規約の定めがあれば、たとえ区分所有者が拒否しても、理事長の権限で部屋への強制的な立入りができます。

ただし、強制的な立入りが可能な緊急時とは「共用部分等又は他の専用部分に対して物理的に又は機能上重大な影響を与えるおそれがある」場合です。それ以外の場合は、裁判の手続きが必要です。

また、規約に上記の強制的な立入りに関する定めがない場合も、強制的な立入りをするには裁判の手続きが必要です。

**Q** 当管理組合は民泊禁止の規約変更をしていませんが、すでに民泊事業を営んでいる区分所有者がいる場合、管理組合としてどのように対処したらよいのでしょうか。

**A** 平成30年の住宅宿泊事業法（民泊新法）の施行に先立ち、平成29年にマンション標準管理規約が改正され、民泊を可能・不可能とする場合の規約（管理規約）の規定例が示されました。これに基づき、管理組合としては、たとえば、民泊を許容しない場合には、民泊禁止条項を規約に盛り込むことが求められます（規約変更）。

もっとも、民泊禁止の規約変更は、すでに民泊事業を営んでいる区分所有者に対し、その事業の禁止を命じることに等しく、その区分所有者に「特別の影響」を及ぼすといえるため、その承諾が必要であると考えられます。

しかし、上記の規約変更の手続きをしていなくても、現在の規約を根拠に民泊事業の差止請求ができる可能性があります。従来から、マンション標準管理規約には、「区分所有者は、その専有部分を専ら住宅として使用するものとし、他の用途に供してはならない」という規定例が示されています。したがって、上記の定めが規約に存在していれば、民泊事業の内容によっては、民泊事業の差止請求ができる場合があるとされています。

たとえば、専有部分を事務所やペンションとして利用するなど、一見して明らかに住宅以外の用途で使用している場合は、上記の定めに違反すると認められます。また、民泊事業により騒音やゴミ放置の問題があるなど、マンションの平穏さや良好な住環境を害していると認められる場合も、上記の定めに違反すると判断される可能性があります。

ただし、民泊事業については、「住宅を利用・活用するサービス形態」という側面もあることから、実際の民泊事業が「区分所有者は、その専有部分を専ら住宅として使用するものとし、他の用途に供してはならない」という定めに違反するか否かの解釈は分かれているのが現状です。実際の民泊事業がマンション住民にどのような影響を及ぼしているかを把握し、上記の定めに違反するか否かを慎重に見極める必要があります。

# 資料　マンション標準管理規約（単棟型）

## ○○マンション管理規約

### 第１章　総則

**第１条（目的）**　この規約は、○○マンションの管理又は使用に関する事項等について定めることにより、区分所有者の共同の利益を増進し、良好な住環境を確保することを目的とする。

**第２条（定義）**　この規約において、次に掲げる用語の意義は、それぞれ当該各号に定めるところによる。

一　区分所有権　建物の区分所有等に関する法律（昭和37年法律第69号。以下「区分所有法」という）第２条第１項の区分所有権をいう。

二　区分所有者　区分所有法第２条第２項の区分所有者をいう。

三　占有者　区分所有法第６条第３項の占有者をいう。

四　専有部分　区分所有法第２条第３項の専有部分をいう。

五　共用部分　区分所有法第２条第４項の共用部分をいう。

六　敷地　区分所有法第２条第５項の建物の敷地をいう。

七　共用部分等　共用部分及び附属施設をいう。

八　専用使用権　敷地及び共用部分等の一部について、特定の区分所有者が排他的に使用できる権利をいう。

九　専用使用部分　専用使用権の対象となっている敷地及び共用部分等の部分をいう。

**第３条（規約及び総会の決議の遵守義務）**　区分所有者は、円滑な共同生活を維持するため、この規約及び総会の決議を誠実に遵守しなければならない。

２　区分所有者は、同居する者に対してこの規約及び総会の決議を遵守させなければならない。

**第４条（対象物件の範囲）**　この規約の対象となる物件の範囲は、別表第１に記載された敷地、建物及び附属施設（以下「対象物件」という）とする。

**第５条（規約及び総会の決議の効力）**　この規約及び総会の決議は、区分所有者の包括承継人及び特定承継人に対しても、その効力を有する。

２　占有者は、対象物件の使用方法につき、区分所有者がこの規約及び総会の決議に基づいて負う義務と同一の義務を負う。

**第６条（管理組合）**　区分所有者は、区分所有法第３条に定める建物並びにその敷地及び附属施設の管理を行うための団体として、第１条に定める目的を達成するため、区分所有者全員をもって○○マンション管理組合（以下「管理組合」という）を構成する。

2　管理組合は、事務所を〇〇内に置く。

3　管理組合の業務、組織等については、第６章に定めるところによる。

## 第２章　専有部分等の範囲

**第７条（専有部分の範囲）**　対象物件のうち区分所有権の対象となる専有部分は、住戸番号を付した住戸とする。

2　前項の専有部分を他から区分する構造物の帰属については、次のとおりとする。

一　天井、床及び壁は、躯体部分を除く部分を専有部分とする。

二　玄関扉は、錠及び内部塗装部分を専有部分とする。

三　窓枠及び窓ガラスは、専有部分に含まれないものとする。

3　第１項又は前項の専有部分の専用に供される設備のうち共用部分内にある部分以外のものは、専有部分とする。

**第８条（共用部分の範囲）**　対象物件のうち共用部分の範囲は、別表第２に掲げるとおりとする。

## 第３章　敷地及び共用部分等の共有

**第９条（共有）**　対象物件のうち敷地及び共用部分等は、区分所有者の共有とする。

**第10条（共有持分）**　各区分所有者の共有持分は、別表第３に掲げるとおりとする。

**第11条（分割請求及び単独処分の禁止）**　区分所有者は、敷地又は共用部分等の分割を請求することはできない。

2　区分所有者は、専有部分と敷地及び共用部分等の共有持分とを分離して譲渡、抵当権の設定等の処分をしてはならない。

## 第４章　用法

〔※住宅宿泊事業に使用することを可能とする場合、禁止する場合に応じて、次のように規定〕

**㈠住宅宿泊事業を可能とする場合**

**（専有部分の用途）**

**第12条**　区分所有者は、その専有部分を専ら住宅として使用するものとし、他の用途に供してはならない。

2　区分所有者は、その専有部分を住宅宿泊事業法第３条第１項の届出を行って営む同法第２条第３項の住宅宿泊事業に使用することができる。

**(イ)住宅宿泊事業を禁止する場合**

**（専有部分の用途）**

**第12条**　区分所有者は、その専有部分を専ら住宅として使用するものとし、他の用途に供してはならない。

**2**　区分所有者は、その専有部分を住宅宿泊事業法第３条第１項の届出を行って営む同法第２条第３項の住宅宿泊事業に使用してはならない。

**第13条（敷地及び共用部分等の用法）**　区分所有者は、敷地及び共用部分等をそれぞれの通常の用法に従って使用しなければならない。

**第14条（バルコニー等の専用使用権）**　区分所有者は、別表第４に掲げるバルコニー、玄関扉、窓枠、窓ガラス、一階に面する庭及び屋上テラス（以下この条、第21条第１項及び別表第４において「バルコニー等」という）について、同表に掲げるとおり、専用使用権を有することを承認する。

**2**　一階に面する庭について専用使用権を有している者は、別に定めるところにより、管理組合に専用使用料を納入しなければならない。

**3**　区分所有者から専有部分の貸与を受けた者は、その区分所有者が専用使用権を有しているバルコニー等を使用することができる。

**第15条（駐車場の使用）**　管理組合は、別添の図に示す駐車場について、特定の区分所有者に駐車場使用契約により使用させることができる。

**2**　前項により駐車場を使用している者は、別に定めるところにより、管理組合に駐車場使用料を納入しなければならない。

**3**　区分所有者がその所有する専有部分を、他の区分所有者又は第三者に譲渡又は貸与したときは、その区分所有者の駐車場使用契約は効力を失う。

**第16条（敷地及び共用部分等の第三者の使用）**　管理組合は、次に掲げる敷地及び共用部分等の一部を、それぞれ当該各号に掲げる者に使用させることができる。

一　管理事務室、管理用倉庫、機械室その他対象物件の管理の執行上必要な施設　管理事務（マンションの管理の適正化の推進に関する法律（平成12年法律第149号。以下「適正化法」という）第２条第六号の「管理事務」をいう）を受託し、又は請け負った者

二　電気室　対象物件に電気を供給する設備を維持し、及び運用する事業者

三　ガスガバナー　当該設備を維持し、及び運用する事業者

2　前項に掲げるものの他、管理組合は、総会の決議を経て、敷地及び共用部分等（駐車場及び専用使用部分を除く）の一部について、第三者に使用させることができる。

**第17条（専有部分の修繕等）**　区分所有者は、その専有部分について、修繕、模様替え又は建物に定着する物件の取付け若しくは取替え（以下「修繕等」という）であって共用部分又は他の専有部分に影響を与えるおそれのあるものを行おうとするときは、あらかじめ、理事長（第35条に定める理事長をいう。以下同じ）にその旨を申請し、書面による承認を受けなければならない。

2　前項の場合において、区分所有者は、設計図、仕様書及び工程表を添付した申請書を理事長に提出しなければならない。

3　理事長は、第１項の規定による申請について、理事会（第51条に定める理事会をいう。以下同じ）の決議により、その承認又は不承認を決定しなければならない。

4　第１項の承認があったときは、区分所有者は、承認の範囲内において、専有部分の修繕等に係る共用部分の工事を行うことができる。

5　理事長又はその指定を受けた者は、本条の施行に必要な範囲内において、修繕等の箇所に立ち入り、必要な調査を行うことができる。この場合において、区分所有者は、正当な理由がなければこれを拒否してはならない。

6　第１項の承認を受けた修繕等の工事後に、当該工事により共用部分又は他の専有部分に影響が生じた場合は、当該工事を発注した区分所有者の責任と負担により必要な措置をとらなければならない。

7　区分所有者は、第１項の承認を要しない修繕等のうち、工事業者の立入り、工事の資機材の搬入、工事の騒音、振動、臭気等工事の実施中における共用部分又は他の専有部分への影響について管理組合が事前に把握する必要があるものを行おうとするときは、あらかじめ、理事長にその旨を届け出なければならない。

**第18条（使用細則）**　対象物件の使用については、別に使用細則を定めるものとする。

**第19条（専有部分の貸与）**　区分所有者は、その専有部分を第三者に貸与する場合には、この規約及び使用細則に定める事項をその第三者に遵守させなければならない。

2　前項の場合において、区分所有者は、その貸与に係る契約にこの規約及び使用細則に定める事項を遵守する旨の条項を定めるとともに、契約の相手方にこの規約及び使用細則に定める事項を遵守する旨の誓約書を管理組合に提出させなければならない。

〔※専有部分の貸与に関し、暴力団員への貸与を禁止する旨の規約の規定を定める場合〕

**（暴力団員の排除）**

**第19条の２**　区分所有者は、その専有部分を第三者に貸与する場合には、前条に定めるものの他、次に掲げる内容を含む条項をその貸与に係る契約に定めなければならない。

一　契約の相手方が暴力団員（暴力団員による不当な行為の防止等に関する法律（平成３年法律第77号）第２条第六号に規定する暴力団員をいう。以下同じ）ではないこと及び契約後において暴力団員にならないことを確約すること。

二　契約の相手方が暴力団員であることが判明した場合には、何らの催告を要せずして、区分所有者は当該契約を解約することができること。

三　区分所有者が前号の解約権を行使しないときは、管理組合は、区分所有者に代理して解約権を行使することができること。

２　前項の場合において、区分所有者は、前項第三号による解約権の代理行使を管理組合に認める旨の書面を提出するとともに、契約の相手方に暴力団員ではないこと及び契約後において暴力団員にならないことを確約する旨の誓約書を管理組合に提出させなければならない。

## 第５章　管理

### 第１節　総則

**第20条（区分所有者の責務）**　区分所有者は、対象物件について、その価値及び機能の維持増進を図るため、常に適正な管理を行うよう努めなければならない。

**第21条（敷地及び共用部分等の管理）**　敷地及び共用部分等の管理については、管理組合がその責任と負担においてこれを行うものとする。ただし、バルコニー等の保存行為（区分所有法第18条第１項ただし書の「保存行為」をいう。以下同じ）のうち、通常の使用に伴うものについては、専用使用権を有する者がその責任と負担においてこれを行わなければならない。

２　専有部分である設備のうち共用部分と構造上一体となった部分の管理を共用部分の管理と一体として行う必要があるときは、管理組合がこれを行うことができる。

3　区分所有者は、第１項ただし書の場合又はあらかじめ理事長に申請して書面による承認を受けた場合を除き、敷地及び共用部分等の保存行為を行うことができない。ただし、専有部分の使用に支障が生じている場合に、当該専有部分を所有する区分所有者が行う保存行為の実施が、緊急を要するものであるときは、この限りでない。

4　前項の申請及び承認の手続については、第17条第２項、第３項、第５項及び第６項の規定を準用する。ただし、同条第５項中「修繕等」とあるのは「保存行為」と、同条第６項中「第１項の承認を受けた修繕等の工事後に、当該工事」とあるのは「第21条第３項の承認を受けた保存行為後に、当該保存行為」と読み替えるものとする。

5　第３項の規定に違反して保存行為を行った場合には、当該保存行為に要した費用は、当該保存行為を行った区分所有者が負担する。

6　理事長は、災害等の緊急時においては、総会又は理事会の決議によらずに、敷地及び共用部分等の必要な保存行為を行うことができる。

**第22条（窓ガラス等の改良）**　共用部分のうち各住戸に附属する窓枠、窓ガラス、玄関扉その他の開口部に係る改良工事であって、防犯、防音又は断熱等の住宅の性能の向上等に資するものについては、管理組合がその責任と負担において、計画修繕としてこれを実施するものとする。

2　区分所有者は、管理組合が前項の工事を速やかに実施できない場合には、あらかじめ理事長に申請して書面による承認を受けることにより、当該工事を当該区分所有者の責任と負担において実施することができる。

3　前項の申請及び承認の手続については、第17条第２項、第３項、第５項及び第６項の規定を準用する。ただし、同条第５項中「修繕等」とあるのは「第22条第２項の工事」と、同条第６項中「第１項の承認を受けた修繕等の工事」とあるのは「第22条第２項の承認を受けた工事」と読み替えるものとする。

**第23条（必要箇所への立入り）**　前２条により管理を行う者は、管理を行うために必要な範囲内において、他の者が管理する専有部分又は専用使用部分への立入りを請求することができる。

2　前項により立入りを請求された者は、正当な理由がなければこれを拒否してはならない。

3　前項の場合において、正当な理由なく立入りを拒否した者は、その結果生じた損害を賠償しなければならない。

4　前３項の規定にかかわらず、理事長は、災害、事故等が発生した場合であって、緊急に立ち入らないと共用部分等又は他の専有部分に対して物理的に又は機能上重大な影響を与えるおそれがあるときは、専有部分又は専用使用部分に自ら立ち入り、又は委任した者に立ち入らせることができる。

5　立入りをした者は、速やかに立入りをした箇所を原状に復さなければならない。

**第24条（損害保険）** 区分所有者は、共用部分等に関し、管理組合が火災保険、地震保険その他の損害保険の契約を締結することを承認する。

2　理事長は、前項の契約に基づく保険金額の請求及び受領について、区分所有者を代理する。

### 第2節　費用の負担

**第25条（管理費等）** 区分所有者は、敷地及び共用部分等の管理に要する経費に充てるため、次の費用（以下「管理費等」という）を管理組合に納入しなければならない。

一　管理費

二　修繕積立金

2　管理費等の額については、各区分所有者の共用部分の共有持分に応じて算出するものとする。

**第26条（承継人に対する債権の行使）** 管理組合が管理費等について有する債権は、区分所有者の特定承継人に対しても行うことができる。

**第27条（管理費）** 管理費は、次の各号に掲げる通常の管理に要する経費に充当する。

一　管理員人件費

二　公租公課

三　共用設備の保守維持費及び運転費

四　備品費、通信費その他の事務費

五　共用部分等に係る火災保険料、地震保険料その他の損害保険料

六　経常的な補修費

七　清掃費、消毒費及びごみ処理費

八　委託業務費

九　専門的知識を有する者の活用に要する費用

十　管理組合の運営に要する費用

十一　その他第32条に定める業務に要する費用（次条に規定する経費を除く）

**第28条（修繕積立金）** 管理組合は、各区分所有者が納入する修繕積立金を積み立てるものとし、積み立てた修繕積立金は、次の各号に掲げる特別の

管理に要する経費に充当する場合に限って取り崩すことができる。
一　一定年数の経過ごとに計画的に行う修繕
二　不測の事故その他特別の事由により必要となる修繕
三　敷地及び共用部分等の変更
四　建物の建替え及びマンション敷地売却（以下「建替え等」という）に係る合意形成に必要となる事項の調査
五　その他敷地及び共用部分等の管理に関し、区分所有者全体の利益のために特別に必要となる管理
2　前項にかかわらず、区分所有法第62条第１項の建替え決議（以下「建替え決議」という）又は建替えに関する区分所有者全員の合意の後であっても、マンションの建替え等の円滑化に関する法律（平成14年法律第78号。以下「円滑化法」という）第９条のマンション建替組合の設立の認可又は円滑化法第45条のマンション建替事業の認可までの間において、建物の建替えに係る計画又は設計等に必要がある場合には、その経費に充当するため、管理組合は、修繕積立金から管理組合の消滅時に建替え不参加者に帰属する修繕積立金相当額を除いた金額を限度として、修繕積立金を取り崩すことができる。
3　第１項にかかわらず、円滑化法第108条第１項のマンション敷地売却決議（以下「マンション敷地売却決議」という）の後であっても、円滑化法第120条のマンション敷地売却組合の設立の認可までの間において、マンション敷地売却に係る計画等に必要がある場合には、その経費に充当するため、管理組合は、修繕積立金から管理組合の消滅時にマンション敷地売却不参加者に帰属する修繕積立金相当額を除いた金額を限度として、修繕積立金を取り崩すことができる。
4　管理組合は、第１項各号の経費に充てるため借入れをしたときは、修繕積立金をもってその償還に充てることができる。
5　修繕積立金については、管理費とは区分して経理しなければならない。

**第29条（使用料）**　駐車場使用料その他の敷地及び共用部分等に係る使用料（以下「使用料」という）は、それらの管理に要する費用に充てる他、修繕積立金として積み立てる。

## 第６章　管理組合

### 第１節　組合員

**第30条（組合員の資格）**　組合員の資格は、区分所有者となったときに取得

し、区分所有者でなくなったときに喪失する。

**第31条（届出義務）** 新たに組合員の資格を取得し又は喪失した者は、直ちにその旨を書面により管理組合に届け出なければならない。

### 第２節　管理組合の業務

**第32条（業務）** 管理組合は、建物並びにその敷地及び附属施設の管理のため、次の各号に掲げる業務を行う。

一　管理組合が管理する敷地及び共用部分等（以下本条及び第48条において「組合管理部分」という）の保安、保全、保守、清掃、消毒及びごみ処理

二　組合管理部分の修繕

三　長期修繕計画の作成又は変更に関する業務及び長期修繕計画書の管理

四　建替え等に係る合意形成に必要となる事項の調査に関する業務

五　適正化法第103条第１項に定める、宅地建物取引業者から交付を受けた設計図書の管理

六　修繕等の履歴情報の整理及び管理等

七　共用部分等に係る火災保険、地震保険その他の損害保険に関する業務

八　区分所有者が管理する専用使用部分について管理組合が行うことが適当であると認められる管理行為

九　敷地及び共用部分等の変更及び運営

十　修繕積立金の運用

十一　官公署、町内会等との渉外業務

十二　マンション及び周辺の風紀、秩序及び安全の維持、防災並びに居住環境の維持及び向上に関する業務

十三　広報及び連絡業務

十四　管理組合の消滅時における残余財産の清算

十五　その他建物並びにその敷地及び附属施設の管理に関する業務

**第33条（業務の委託等）** 管理組合は、前条に定める業務の全部又は一部を、マンション管理業者（適正化法第２条第八号の「マンション管理業者」をいう）等第三者に委託し、又は請け負わせて執行することができる。

**第34条（専門的知識を有する者の活用）** 管理組合は、マンション管理士（適正化法第２条第五号の「マンション管理士」をいう）その他マンション管理に関する各分野の専門的知識を有する者に対し、管理組合の運営その他マンションの管理に関し、相談したり、助言、指導その他の援助を求めたりすることができる。

### 第３節　役員

**第35条（役員）** 管理組合に次の役員を置く。

一　理事長

二　副理事長　○名

三　会計担当理事　○名

四　理事（理事長、副理事長、会計担当理事を含む。以下同じ）　○名

五　監事　○名

2　理事及び監事は、組合員のうちから、総会で選任する。

3　理事長、副理事長及び会計担当理事は、理事のうちから、理事会で選任する。

| **外部専門家を役員として選任できることとする場合** |
|---|
| 2　理事及び監事は、総会で選任する。<br>3　理事長、副理事長及び会計担当理事は、理事のうちから、理事会で選任する。<br>4　組合員以外の者から理事又は監事を選任する場合の選任方法については細則で定める。 |

**第36条（役員の任期）** 役員の任期は○年とする。ただし、再任を妨げない。

2　補欠の役員の任期は、前任者の残任期間とする。

3　任期の満了又は辞任によって退任する役員は、後任の役員が就任するまでの間引き続きその職務を行う。

4　役員が組合員でなくなった場合には、その役員はその地位を失う。

| **外部専門家を役員として選任できることとする場合** |
|---|
| 4　選任（再任を除く）の時に組合員であった役員が組合員でなくなった場合には、その役員はその地位を失う。 |

**第36条の2（役員の欠格条項）** 次の各号のいずれかに該当する者は、役員となることができない。

一　成年被後見人若しくは被保佐人又は破産者で復権を得ないもの

二　禁錮以上の刑に処せられ、その執行を終わり、又はその執行を受けることがなくなった日から5年を経過しない者

三　暴力団員等（暴力団員又は暴力団員でなくなった日から5年を経過しない者をいう）

**第37条（役員の誠実義務等）** 役員は、法令、規約及び使用細則その他細則

（以下「使用細則等」という）並びに総会及び理事会の決議に従い、組合員のため、誠実にその職務を遂行するものとする。

2　役員は、別に定めるところにより、役員としての活動に応ずる必要経費の支払と報酬を受けることができる。

**第37条の２（利益相反取引の防止）**　役員は、次に掲げる場合には、理事会において、当該取引につき重要な事実を開示し、その承認を受けなければならない。

一　役員が自己又は第三者のために管理組合と取引をしようとするとき。

二　管理組合が役員以外の者との間において管理組合と当該役員との利益が相反する取引をしようとするとき。

**第38条（理事長）**　理事長は、管理組合を代表し、その業務を統括する他、次の各号に掲げる業務を遂行する。

一　規約、使用細則等又は総会若しくは理事会の決議により、理事長の職務として定められた事項

二　理事会の承認を得て、職員を採用し、又は解雇すること。

2　理事長は、区分所有法に定める管理者とする。

3　理事長は、通常総会において、組合員に対し、前会計年度における管理組合の業務の執行に関する報告をしなければならない。

4　理事長は、○か月に１回以上、職務の執行の状況を理事会に報告しなければならない。

5　理事長は、理事会の承認を受けて、他の理事に、その職務の一部を委任することができる。

6　管理組合と理事長との利益が相反する事項については、理事長は、代表権を有しない。この場合においては、監事又は理事長以外の理事が管理組合を代表する。

**第39条（副理事長）**　副理事長は、理事長を補佐し、理事長に事故があるときは、その職務を代理し、理事長が欠けたときは、その職務を行う。

**第40条（理事）**　理事は、理事会を構成し、理事会の定めるところに従い、管理組合の業務を担当する。

2　理事は、管理組合に著しい損害を及ぼすおそれのある事実があることを発見したときは、直ちに、当該事実を監事に報告しなければならない。

3　会計担当理事は、管理費等の収納、保管、運用、支出等の会計業務を行う。

**第41条（監事）**　監事は、管理組合の業務の執行及び財産の状況を監査し、その結果を総会に報告しなければならない。

2　監事は、いつでも、理事及び第38条第１項第二号に規定する職員に対して業務の報告を求め、又は業務及び財産の状況の調査をすることができる。
3　監事は、管理組合の業務の執行及び財産の状況について不正があると認めるときは、臨時総会を招集することができる。
4　監事は、理事会に出席し、必要があると認めるときは、意見を述べなければならない。
5　監事は、理事が不正の行為をし、若しくは当該行為をするおそれがあると認めるとき、又は法令、規約、使用細則等、総会の決議若しくは理事会の決議に違反する事実若しくは著しく不当な事実があると認めるときは、遅滞なく、その旨を理事会に報告しなければならない。
6　監事は、前項に規定する場合において、必要があると認めるときは、理事長に対し、理事会の招集を請求することができる。
7　前項の規定による請求があった日から５日以内に、その請求があった日から２週間以内の日を理事会の日とする理事会の招集の通知が発せられない場合は、その請求をした監事は、理事会を招集することができる。

## 第４節　総会

**第42条（総会）**　管理組合の総会は、総組合員で組織する。
2　総会は、通常総会及び臨時総会とし、区分所有法に定める集会とする。
3　理事長は、通常総会を、毎年１回新会計年度開始以後２か月以内に招集しなければならない。
4　理事長は、必要と認める場合には、理事会の決議を経て、いつでも臨時総会を招集することができる。
5　総会の議長は、理事長が務める。

**第43条（招集手続）**　総会を招集するには、少なくとも会議を開く日の２週間前（会議の目的が建替え決議又はマンション敷地売却決議であるときは２か月前）までに、会議の日時、場所及び目的を示して、組合員に通知を発しなければならない。
2　前項の通知は、管理組合に対し組合員が届出をしたあて先に発するものとする。ただし、その届出のない組合員に対しては、対象物件内の専有部分の所在地あてに発するものとする。
3　第１項の通知は、対象物件内に居住する組合員及び前項の届出のない組合員に対しては、その内容を所定の掲示場所に掲示することをもって、これに代えることができる。
4　第１項の通知をする場合において、会議の目的が第47条第３項第一号、第二号若しくは第四号に掲げる事項の決議又は建替え決議若しくはマンション敷地売却決議であるときは、その議案の要領をも通知しなければならない。

5　会議の目的が建替え決議であるときは、前項に定める議案の要領の他、次の事項を通知しなければならない。

一　建替えを必要とする理由

二　建物の建替えをしないとした場合における当該建物の効用の維持及び回復（建物が通常有すべき効用の確保を含む）をするのに要する費用の額及びその内訳

三　建物の修繕に関する計画が定められているときは、当該計画の内容

四　建物につき修繕積立金として積み立てられている金額

6　会議の目的がマンション敷地売却決議であるときは、第4項に定める議案の要領の他、次の事項を通知しなければならない。

一　売却を必要とする理由

二　建築物の耐震改修の促進に関する法律（平成7年法律第123号）第2条第2項に規定する耐震改修（以下単に「耐震改修」という）又はマンションの建替えをしない理由

三　耐震改修に要する費用の概算額

7　建替え決議又はマンション敷地売却決議を目的とする総会を招集する場合、少なくとも会議を開く日の1か月前までに、当該招集の際に通知すべき事項について組合員に対し説明を行うための説明会を開催しなければならない。

8　第45条第2項の場合には、第1項の通知を発した後遅滞なく、その通知の内容を、所定の掲示場所に掲示しなければならない。

9　第1項（会議の目的が建替え決議又はマンション敷地売却決議であるときを除く）にかかわらず、緊急を要する場合には、理事長は、理事会の承認を得て、5日間を下回らない範囲において、第1項の期間を短縮することができる。

**第44条（組合員の総会招集権）**　組合員が組合員総数の5分の1以上及び第46条第1項に定める議決権総数の5分の1以上に当たる組合員の同意を得て、会議の目的を示して総会の招集を請求した場合には、理事長は、2週間以内にその請求があった日から4週間以内の日（会議の目的が建替え決議又はマンション敷地売却決議であるときは、2か月と2週間以内の日）を会日とする臨時総会の招集の通知を発しなければならない。

2　理事長が前項の通知を発しない場合には、前項の請求をした組合員は、

臨時総会を招集することができる。

〔※管理組合における電磁的方法の利用状況に応じて、次のように規定〕

**(ア)電磁的方法が利用可能ではない場合**

3　前２項により招集された臨時総会においては、第42条第５項にかかわらず、議長は、総会に出席した組合員（書面又は代理人によって議決権を行使する者を含む）の議決権の過半数をもって、組合員の中から選任する。

**(イ)電磁的方法が利用可能な場合**

3　前２項により招集された臨時総会においては、第42条第５項にかかわらず、議長は、総会に出席した組合員（書面、電磁的方法（電子情報処理組織を使用する方法その他の情報通信の技術を利用する方法であって次項に定めるものをいう。以下同じ）又は代理人によって議決権を行使する者を含む）の議決権の過半数をもって、組合員の中から選任する。

4　前項の電磁的方法は、次に掲げる方法によるものとする。

一　送信者の使用に係る電子計算機と受信者の使用に係る電子計算機とを電気通信回線で接続した電子情報処理組織を使用する方法であって、当該電気通信回線を通じて情報が送信され、受信者の使用に係る電子計算機に備えられたファイルに当該情報が記録されるもの

二　磁気ディスクその他これに準ずる方法により一定の情報を確実に記録しておくことができる物をもって調製するファイルに情報を記録したもの（以下「電磁的記録」という）を交付する方法

**第45条（出席資格）**　組合員の他、理事会が必要と認めた者は、総会に出席することができる。

2　区分所有者の承諾を得て専有部分を占有する者は、会議の目的につき利害関係を有する場合には、総会に出席して意見を述べることができる。この場合において、総会に出席して意見を述べようとする者は、あらかじめ理事長にその旨を通知しなければならない。

**第46条（議決権）**　各組合員の議決権の割合は、別表第５に掲げるとおりとする。

2　住戸１戸が数人の共有に属する場合、その議決権行使については、これ

ら共有者をあわせて一の組合員とみなす。

3　前項により一の組合員とみなされる者は、議決権を行使する者1名を選任し、その者の氏名をあらかじめ総会開会までに理事長に届け出なければならない。

4　組合員は、書面又は代理人によって議決権を行使することができる。

5　組合員が代理人により議決権を行使しようとする場合において、その代理人は、以下の各号に掲げる者でなければならない。

一　その組合員の配偶者（婚姻の届出をしていないが事実上婚姻関係と同様の事情にある者を含む）又は一親等の親族

二　その組合員の住戸に同居する親族

三　他の組合員

6　組合員又は代理人は、代理権を証する書面を理事長に提出しなければならない。

〔※管理組合における電磁的方法の利用状況に応じて、次のように規定〕

**(ア)電磁的方法が利用可能ではない場合**

**（規定なし）**

**(イ)電磁的方法が利用可能な場合**

7　組合員は、第4項の書面による議決権の行使に代えて、電磁的方法によって議決権を行使することができる。

**第47条（総会の会議及び議事）**　総会の会議は、前条第1項に定める議決権総数の半数以上を有する組合員が出席しなければならない。

2　総会の議事は、出席組合員の議決権の過半数で決する。

3　次の各号に掲げる事項に関する総会の議事は、前項にかかわらず、組合員総数の4分の3以上及び議決権総数の4分の3以上で決する。

一　規約の制定、変更又は廃止

二　敷地及び共用部分等の変更（その形状又は効用の著しい変更を伴わないもの及び建築物の耐震改修の促進に関する法律第25条第2項に基づく認定を受けた建物の耐震改修を除く）

三　区分所有法第58条第1項、第59条第1項又は第60条第1項の訴えの提起

四　建物の価格の2分の1を超える部分が滅失した場合の滅失した共用部分の復旧

五　その他総会において本項の方法により決議することとした事項

4　建替え決議は、第２項にかかわらず、組合員総数の５分の４以上及び議決権総数の５分の４以上で行う。

5　マンション敷地売却決議は、第２項にかかわらず、組合員総数、議決権総数及び敷地利用権の持分の価格の各５分の４以上で行う。

〔※管理組合における電磁的方法の利用状況に応じて、次のように規定〕

**(ア)電磁的方法が利用可能ではない場合**

6　前５項の場合において、書面又は代理人によって議決権を行使する者は、出席組合員とみなす。

**(イ)電磁的方法が利用可能な場合**

6　前５項の場合において、書面、電磁的方法又は代理人によって議決権を行使する者は、出席組合員とみなす。

7　第３項第一号において、規約の制定、変更又は廃止が一部の組合員の権利に特別の影響を及ぼすべきときは、その承諾を得なければならない。この場合において、その組合員は正当な理由がなければこれを拒否してはならない。

8　第３項第二号において、敷地及び共用部分等の変更が、専有部分又は専用使用部分の使用に特別の影響を及ぼすべきときは、その専有部分を所有する組合員又はその専用使用部分の専用使用を認められている組合員の承諾を得なければならない。この場合において、その組合員は正当な理由がなければこれを拒否してはならない。

9　第３項第三号に掲げる事項の決議を行うには、あらかじめ当該組合員又は占有者に対し、弁明する機会を与えなければならない。

10　総会においては、第43条第１項によりあらかじめ通知した事項についてのみ、決議することができる。

**第48条（議決事項）**　次の各号に掲げる事項については、総会の決議を経なければならない。

一　収支決算及び事業報告

二　収支予算及び事業計画

三　管理費等及び使用料の額並びに賦課徴収方法

四　規約及び使用細則等の制定、変更又は廃止

五　長期修繕計画の作成又は変更

六　第28条第１項に定める特別の管理の実施並びにそれに充てるための資

金の借入れ及び修繕積立金の取崩し

七　第28条第２項及び第３項に定める建替え等に係る計画又は設計等の経費のための修繕積立金の取崩し

八　修繕積立金の保管及び運用方法

九　第21条第２項に定める管理の実施

十　区分所有法第57条第２項及び前条第３項第三号の訴えの提起並びにこれらの訴えを提起すべき者の選任

十一　建物の一部が滅失した場合の滅失した共用部分の復旧

十二　区分所有法第62条第１項の場合の建替え及び円滑化法第108条第１項の場合のマンション敷地売却

十三　役員の選任及び解任並びに役員活動費の額及び支払方法

十四　組合管理部分に関する管理委託契約の締結

十五　その他管理組合の業務に関する重要事項

〔※管理組合における電磁的方法の利用状況に応じて、次のように規定〕

**㋐電磁的方法が利用可能ではない場合**

**第49条（議事録の作成、保管等）**　総会の議事については、議長は、議事録を作成しなければならない。

２　議事録には、議事の経過の要領及びその結果を記載し、議長及び議長の指名する２名の総会に出席した組合員がこれに署名押印しなければならない。

３　理事長は、議事録を保管し、組合員又は利害関係人の書面による請求があったときは、議事録の閲覧をさせなければならない。この場合において、閲覧につき、相当の日時、場所等を指定することができる。

４　理事長は、所定の掲示場所に、議事録の保管場所を掲示しなければならない。

**第50条（書面による決議）**　規約により総会において決議をすべき場合において、組合員全員の承諾があるときは、書面による決議をすることができる。

２　規約により総会において決議すべきものとされた事項については、組合員全員の書面による合意があったときは、書面による決議があったものとみなす。

３　規約により総会において決議すべきものとされた事項についての書面による決議は、総会の決議と同一の効力を有する。

4　前条第３項及び第４項の規定は、書面による決議に係る書面について準用する。

5　総会に関する規定は、書面による決議について準用する。

**(イ)電磁的方法が利用可能な場合**

**第49条（議事録の作成、保管等）**　総会の議事については、議長は、書面又は電磁的記録により、議事録を作成しなければならない。

2　議事録には、議事の経過の要領及びその結果を記載し、又は記録しなければならない。

3　前項の場合において、議事録が書面で作成されているときは、議長及び議長の指名する２名の総会に出席した組合員がこれに署名押印しなければならない。

4　第２項の場合において、議事録が電磁的記録で作成されているときは、当該電磁的記録に記録された情報については、議長及び議長の指名する２名の総会に出席した組合員が電子署名（電子署名及び認証業務に関する法律（平成12年法律第102号）第２条第１項の「電子署名」をいう。以下同じ）をしなければならない。

5　理事長は、議事録を保管し、組合員又は利害関係人の書面又は電磁的方法による請求があったときは、議事録の閲覧（議事録が電磁的記録で作成されているときは、当該電磁的記録に記録された情報の内容を紙面又は出力装置の映像面に表示する方法により表示したものの当該議事録の保管場所における閲覧をいう）をさせなければならない。この場合において、閲覧につき、相当の日時、場所等を指定することができる。

6　理事長は、所定の掲示場所に、議事録の保管場所を掲示しなければならない。

**第50条（書面又は電磁的方法による決議）**　規約により総会において決議をすべき場合において、組合員全員の承諾があるときは、書面又は電磁的方法による決議をすることができる。ただし、電磁的方法による決議に係る組合員の承諾については、あらかじめ、組合員に対し、その用いる電磁的方法の種類及び内容を示し、書面又は電磁的方法による承諾を得なければならない。

2　前項の電磁的方法の種類及び内容は、次に掲げる事項とする。

一　第44条第４項各号に定める電磁的方法のうち、送信者が使用するもの

二　ファイルへの記録の方式

3　規約により総会において決議すべきものとされた事項については、組合員の全員の書面又は電磁的方法による合意があったときは、書面又は電磁的方法による決議があったものとみなす。

4　規約により総会において決議すべきものとされた事項についての書面又は電磁的方法による決議は、総会の決議と同一の効力を有する。

5　前条第５項及び第６項の規定は、書面又は電磁的方法による決議に係る書面並びに第１項及び第３項の電磁的方法が行われた場合に当該電磁的方法により作成される電磁的記録について準用する。

6　総会に関する規定は、書面又は電磁的方法による決議について準用する。

## 第５節　理事会

**第51条（理事会）**　理事会は、理事をもって構成する。

2　理事会は、次に掲げる職務を行う。

一　規約若しくは使用細則等又は総会の決議により理事会の権限として定められた管理組合の業務執行の決定

二　理事の職務の執行の監督

三　理事長、副理事長及び会計担当理事の選任

3　理事会の議長は、理事長が務める。

**第52条（招集）**　理事会は、理事長が招集する。

2　理事が○分の１以上の理事の同意を得て理事会の招集を請求した場合には、理事長は速やかに理事会を招集しなければならない。

3　前項の規定による請求があった日から○日以内に、その請求があった日から○日以内の日を理事会の日とする理事会の招集の通知が発せられない場合には、その請求をした理事は、理事会を招集することができる。

4　理事会の招集手続については、第43条（建替え決議又はマンション敷地売却決議を会議の目的とする場合の第１項及び第４項から第８項までを除く）の規定を準用する。この場合において、同条中「組合員」とあるのは「理事及び監事」と、同条第９項中「理事会の承認」とあるのは「理事及び監事の全員の同意」と読み替えるものとする。ただし、理事会において別段の定めをすることができる。

**第53条（理事会の会議及び議事）**　理事会の会議は、理事の半数以上が出席しなければ開くことができず、その議事は出席理事の過半数で決する。

2　次条第１項第五号に掲げる事項については、理事の過半数の承諾があるときは、書面又は電磁的方法による決議によることができる。

3　前２項の決議について特別の利害関係を有する理事は、議決に加わることができない。

〔※管理組合における電磁的方法の利用状況に応じて、次のように規定〕

**㈠電磁的方法が利用可能ではない場合**

4　議事録については、第49条（第４項を除く）の規定を準用する。ただし、第49条第２項中「総会に出席した組合員」とあるのは「理事会に出席した理事」と読み替えるものとする。

**㈡電磁的方法が利用可能な場合**

4　議事録については、第49条（第６項を除く）の規定を準用する。ただし、第49条第３項中「総会に出席した組合員」とあるのは「理事会に出席した理事」と読み替えるものとする。

**第54条（議決事項）**　理事会は、この規約に別に定めるものの他、次の各号に掲げる事項を決議する。

一　収支決算案、事業報告案、収支予算案及び事業計画案

二　規約及び使用細則等の制定、変更又は廃止に関する案

三　長期修繕計画の作成又は変更に関する案

四　その他の総会提出議案

五　第17条、第21条及び第22条に定める承認又は不承認

六　第58条第３項に定める承認又は不承認

七　第60条第４項に定める未納の管理費等及び使用料の請求に関する訴訟その他法的措置の追行

八　第67条に定める勧告又は指示等

九　総会から付託された事項

十　災害等により総会の開催が困難である場合における応急的な修繕工事の実施等

2　第48条の規定にかかわらず、理事会は、前項第十号の決議をした場合においては、当該決議に係る応急的な修繕工事の実施に充てるための資金の借入れ及び修繕積立金の取崩しについて決議することができる。

**第55条（専門委員会の設置）**　理事会は、その責任と権限の範囲内において、専門委員会を設置し、特定の課題を調査又は検討させることができる。

2　専門委員会は、調査又は検討した結果を理事会に具申する。

## 第７章　会計

**第56条（会計年度）**　管理組合の会計年度は、毎年○月○日から翌年○月○日までとする。

**第57条（管理組合の収入及び支出）**　管理組合の会計における収入は、第25条に定める管理費等及び第29条に定める使用料によるものとし、その支出は第27条から第29条に定めるところにより諸費用に充当する。

**第58条（収支予算の作成及び変更）**　理事長は、毎会計年度の収支予算案を通常総会に提出し、その承認を得なければならない。

2　収支予算を変更しようとするときは、理事長は、その案を臨時総会に提出し、その承認を得なければならない。

3　理事長は、第56条に定める会計年度の開始後、第１項に定める承認を得るまでの間に、以下の各号に掲げる経費の支出が必要となった場合には、理事会の承認を得てその支出を行うことができる。

一　第27条に定める通常の管理に要する経費のうち、経常的であり、かつ、第１項の承認を得る前に支出することがやむを得ないと認められるもの

二　総会の承認を得て実施している長期の施工期間を要する工事に係る経費であって、第１項の承認を得る前に支出することがやむを得ないと認められるもの

4　前項の規定に基づき行った支出は、第１項の規定により収支予算案の承認を得たときは、当該収支予算案による支出とみなす。

5　理事会が第54条第１項第十号の決議をした場合には、理事長は、同条第２項の決議に基づき、その支出を行うことができる。

6　理事長は、第21条第６項の規定に基づき、敷地及び共用部分等の保存行為を行う場合には、そのために必要な支出を行うことができる。

**第59条（会計報告）**　理事長は、毎会計年度の収支決算案を監事の会計監査を経て、通常総会に報告し、その承認を得なければならない。

**第60条（管理費等の徴収）**　管理組合は、第25条に定める管理費等及び第29条に定める使用料について、組合員が各自開設する預金口座から口座振替の方法により第62条に定める口座に受け入れることとし、当月分は別に定める徴収日までに一括して徴収する。ただし、臨時に要する費用として特別に徴収する場合には、別に定めるところによる。

2　組合員が前項の期日までに納付すべき金額を納付しない場合には、管理

組合は、その未払金額について、年利○%の遅延損害金と、違約金としての弁護士費用並びに督促及び徴収の諸費用を加算して、その組合員に対して請求することができる。

3　管理組合は、納付すべき金額を納付しない組合員に対し、督促を行うなど、必要な措置を講ずるものとする。

4　理事長は、未納の管理費等及び使用料の請求に関して、理事会の決議により、管理組合を代表して、訴訟その他法的措置を追行することができる。

5　第2項に基づき請求した遅延損害金、弁護士費用並びに督促及び徴収の諸費用に相当する収納金は、第27条に定める費用に充当する。

6　組合員は、納付した管理費等及び使用料について、その返還請求又は分割請求をすることができない。

**第61条（管理費等の過不足）** 収支決算の結果、管理費に余剰を生じた場合には、その余剰は翌年度における管理費に充当する。

2　管理費等に不足を生じた場合には、管理組合は組合員に対して第25条第2項に定める管理費等の負担割合により、その都度必要な金額の負担を求めることができる。

**第62条（預金口座の開設）** 管理組合は、会計業務を遂行するため、管理組合の預金口座を開設するものとする。

**第63条（借入れ）** 管理組合は、第28条第1項に定める業務を行うため必要な範囲内において、借入れをすることができる。

**〔※管理組合における電磁的方法の利用状況に応じて、次のように規定〕**

**㈠電磁的方法が利用可能ではない場合**

**第64条（帳票類等の作成、保管）** 理事長は、会計帳簿、什器備品台帳、組合員名簿及びその他の帳票類を作成して保管し、組合員又は利害関係人の理由を付した書面による請求があったときは、これらを閲覧させなければならない。この場合において、閲覧につき、相当の日時、場所等を指定することができる。

2　理事長は、第32条第三号の長期修繕計画書、同条第五号の設計図書及び同条第六号の修繕等の履歴情報を保管し、組合員又は利害関係人の理由を付した書面による請求があったときは、これらを閲覧させなければならない。この場合において、閲覧につき、相当の日時、場所等を指定することができる。

3　理事長は、第49条第3項（第53条第4項において準用される場合を含む）、本条第1項及び第2項並びに第72条第2項及び第4項の規定により閲覧の対象とされる管理組合の財務・管理に関する情報については、組合員又は利害関係人の理由を付した書面による請求に基づき、当該請求をした者が求める情報を記入した書面を交付することができる。この場合において、理事長は、交付の相手方にその費用を負担させることができる。

**(イ)電磁的方法が利用可能な場合**

**第64条（帳票類等の作成、保管）** 理事長は、会計帳簿、什器備品台帳、組合員名簿及びその他の帳票類を、書面又は電磁的記録により作成して保管し、組合員又は利害関係人の理由を付した書面又は電磁的方法による請求があったときは、これらを閲覧させなければならない。この場合において、閲覧につき、相当の日時、場所等を指定することができる。

2　理事長は、第32条第三号の長期修繕計画書、同条第五号の設計図書及び同条第六号の修繕等の履歴情報を、書面又は電磁的記録により保管し、組合員又は利害関係人の理由を付した書面又は電磁的方法による請求があったときは、これらを閲覧させなければならない。この場合において、閲覧につき、相当の日時、場所等を指定することができる。

3　理事長は、第49条第５項（第53条第４項において準用される場合を含む)、本条第１項及び第２項並びに第72条第２項及び第４項の規定により閲覧の対象とされる管理組合の財務・管理に関する情報については、組合員又は利害関係人の理由を付した書面又は電磁的方法による請求に基づき、当該請求をした者が求める情報を記入した書面を交付し、又は当該書面に記載すべき事項を電磁的方法により提供することができる。この場合において、理事長は、交付の相手方にその費用を負担させることができる。

4　電磁的記録により作成された書類等の閲覧については、第49条第５項に定める議事録の閲覧に関する規定を準用する。

**第65条（消滅時の財産の清算）** 管理組合が消滅する場合、その残余財産については、第10条に定める各区分所有者の共用部分の共有持分割合に応じて各区分所有者に帰属するものとする。

## 第８章　雑則

**第66条（義務違反者に対する措置）**　区分所有者又は占有者が建物の保存に有害な行為その他建物の管理又は使用に関し区分所有者の共同の利益に反する行為をした場合又はその行為をするおそれがある場合には、区分所有法第57条から第60条までの規定に基づき必要な措置をとることができる。

**第67条（理事長の勧告及び指示等）**　区分所有者若しくはその同居人又は専有部分の貸与を受けた者若しくはその同居人（以下「区分所有者等」という）が、法令、規約又は使用細則等に違反したとき、又は対象物件内における共同生活の秩序を乱す行為を行ったときは、理事長は、理事会の決議を経てその区分所有者等に対し、その是正等のため必要な勧告又は指示若しくは警告を行うことができる。

2　区分所有者は、その同居人又はその所有する専有部分の貸与を受けた者若しくはその同居人が前項の行為を行った場合には、その是正等のため必要な措置を講じなければならない。

3　区分所有者等がこの規約若しくは使用細則等に違反したとき、又は区分所有者等若しくは区分所有者等以外の第三者が敷地及び共用部分等において不法行為を行ったときは、理事長は、理事会の決議を経て、次の措置を講ずることができる。

一　行為の差止め、排除又は原状回復のための必要な措置の請求に関し、管理組合を代表して、訴訟その他法的措置を追行すること

二　敷地及び共用部分等について生じた損害賠償金又は不当利得による返還金の請求又は受領に関し、区分所有者のために、訴訟において原告又は被告となること、その他法的措置をとること

4　前項の訴えを提起する場合、理事長は、請求の相手方に対し、違約金としての弁護士費用及び差止め等の諸費用を請求することができる。

5　前項に基づき請求した弁護士費用及び差止め等の諸費用に相当する収納金は、第27条に定める費用に充当する。

6　理事長は、第３項の規定に基づき、区分所有者のために、原告又は被告となったときは、遅滞なく、区分所有者にその旨を通知しなければならない。この場合には、第43条第２項及び第３項の規定を準用する。

**第68条（合意管轄裁判所）**　この規約に関する管理組合と組合員間の訴訟については、対象物件所在地を管轄する○○地方（簡易）裁判所をもって、第一審管轄裁判所とする。

2　第48条第十号に関する訴訟についても、前項と同様とする。

**第69条（市及び近隣住民との協定の遵守）**　区分所有者は、管理組合が○○市又は近隣住民と締結した協定について、これを誠実に遵守しなければならない。

**第70条（細則）**　総会及び理事会の運営、会計処理、管理組合への届出事項等については、別に細則を定めることができる。

**第71条（規約外事項）**　規約及び使用細則等に定めのない事項については、区分所有法その他の法令の定めるところによる。

2　規約、使用細則等又は法令のいずれにも定めのない事項については、総会の決議により定める。

〔※管理組合における電磁的方法の利用状況に応じて、次のように規定〕

**㈠電磁的方法が利用可能ではない場合**

**第72条（規約原本等）**　この規約を証するため、区分所有者全員が記名押印した規約を１通作成し、これを規約原本とする。

2　規約原本は、理事長が保管し、区分所有者又は利害関係人の書面による請求があったときは、規約原本の閲覧をさせなければならない。

3　規約が規約原本の内容から総会決議により変更されているときは、理事長は、１通の書面に、現に有効な規約の内容と、その内容が規約原本及び規約変更を決議した総会の議事録の内容と相違ないことを記載し、署名押印した上で、この書面を保管する。

4　区分所有者又は利害関係人の書面による請求があったときは、理事長は、規約原本、規約変更を決議した総会の議事録及び現に有効な規約の内容を記載した書面（以下「規約原本等」という）並びに現に有効な第18条に基づく使用細則及び第70条に基づく細則その他の細則の内容を記載した書面（以下「使用細則等」という）の閲覧をさせなければなければならない。

5　第２項及び前項の場合において、理事長は、閲覧につき、相当の日時、場所等を指定することができる。

6　理事長は、所定の掲示場所に、規約原本等及び使用細則等の保管場所を掲示しなければならない。

**㈡電磁的方法が利用可能な場合**

**第72条（規約原本等）**　この規約を証するため、区分所有者全員が書面に記名押印又は電磁的記録に電子署名した規約を１通作成し、これを規約原本とする。

2　規約原本は、理事長が保管し、区分所有者又は利害関係人の書面又は電磁的方法による請求があったときは、規約原本の閲覧をさせなければならない。

3　規約が規約原本の内容から総会決議により変更されているときは、理事長は、1通の書面又は電磁的記録に、現に有効な規約の内容と、その内容が規約原本及び規約変更を決議した総会の議事録の内容と相違ないことを記載又は記録し、署名押印又は電子署名した上で、この書面又は電磁的記録を保管する。

4　区分所有者又は利害関係人の書面又は電磁的方法による請求があったときは、理事長は、規約原本、規約変更を決議した総会の議事録及び現に有効な規約の内容を記載した書面又は記録した電磁的記録（以下「規約原本等」という）並びに現に有効な第18条に基づく使用細則及び第70条に基づく細則その他の細則の内容を記載した書面又は記録した電磁的記録（以下「使用細則等」という）の閲覧をさせなければならない。

5　第2項及び前項の場合において、理事長は、閲覧につき、相当の日時、場所等を指定することができる。

6　理事長は、所定の掲示場所に、規約原本等及び使用細則等の保管場所を掲示しなければならない。

7　電磁的記録により作成された規約原本等及び使用細則等の閲覧については、第49条第5項に定める議事録の閲覧に関する規定を準用する。

## 附　則

**第1条（規約の発効）**　この規約は、平成○年○月○日から効力を発する。

**別表第1　対象物件の表示**

| | | |
|---|---|---|
| 物件名 | | |
| 敷地 | 所在地 | |
| | 面積 | |
| | 権利関係 | |

| | | |
|---|---|---|
| 建物 | 構造等 | 造　地上　階　地下　階　塔屋<br>階建共同住宅<br>延べ面積　㎡　建築面積　㎡ |
| | 専有部分 | 住戸戸数　戸<br>延べ面積　㎡ |
| 附属施設 | | 塀、フェンス、駐車場、通路、自転車置場、ごみ集積所、排水溝、排水口、外灯設備、植栽、掲示板、専用庭、プレイロット等建物に附属する施設 |

## 別表第２　共用部分の範囲

1　エントランスホール、廊下、階段、エレベーターホール、エレベーター室、共用トイレ、屋上、屋根、塔屋、ポンプ室、自家用電気室、機械室、受水槽室、高置水槽室、パイプスペース、メーターボックス（給湯器ボイラー等の設備を除く）、内外壁、界壁、床スラブ、床、天井、柱、基礎部分、バルコニー等専有部分に属さない「建物の部分」

2　エレベーター設備、電気設備、給水設備、排水設備、消防・防災設備、インターネット通信設備、テレビ共同受信設備、オートロック設備、宅配ボックス、避雷設備、集合郵便受箱、各種の配線配管（給水管については、本管から各住戸メーターを含む部分、雑排水管及び汚水管については、配管継手及び立て管）等専有部分に属さない「建物の附属物」

3　管理事務室、管理用倉庫、清掃員控室、集会室、トランクルーム、倉庫及びそれらの附属物

## 別表第３　敷地及び共用部分等の共有持分割合

| 持分割合／住戸番号 | 敷地及び附属施設 | 共用部分 |
|---|---|---|
| ○○号室 | ○○○分の○○ | ○○○分の○○ |
| ○○号室 | ○○○分の○○ | ○○○分の○○ |
| ○○号室 | ○○○分の○○ | ○○○分の○○ |
| ○○号室 | ○○○分の○○ | ○○○分の○○ |
| ○○号室 | ○○○分の○○ | ○○○分の○○ |
| ・ | ・ | ・ |
| ・ | ・ | ・ |
| ・ | ・ | ・ |
| ・ | ・ | ・ |
| ・ | ・ | ・ |
| 合 計 | ○○○分の○○○ | ○○○分の○○○ |

## 別表第4　バルコニー等の専用使用権

| 専用使用部分 / 区分 | バルコニー | 玄関扉、窓枠、窓ガラス | 1階に面する庭 | 屋上テラス |
| --- | --- | --- | --- | --- |
| 1位置 | 各住戸に接するバルコニー | 各住戸に付属する玄関扉、窓枠、窓ガラス | 別添図のとおり | 別添図のとおり |
| 2専用使用権者 | 当該専有部分の区分所有者 | 同 左 | ○○号室住戸の区分所有者 | ○○号室住戸の区分所有者 |

## 別表第5　議決権割合

| 住戸番号 | 議決権割合 | 住戸番号 | 議決権割合 |
| --- | --- | --- | --- |
| ○○号室 | ○○○分の○○ | ○○号室 | ○○○分の○○ |
| ○○号室 | ○○○分の○○ | ○○号室 | ○○○分の○○ |
| ○○号室 | ○○○分の○○ | ○○号室 | ○○○分の○○ |
| ○○号室 | ○○○分の○○ | ○○号室 | ○○○分の○○ |
| ○○号室 | ○○○分の○○ | ○○号室 | ○○○分の○○ |
| · | · | · | · |
| · | · | · | · |
| · | · | · | · |
| · | · | · | · |
| | | 合計 | ○○○分の○○ |

## 書式　マンション標準管理委託契約書

### ○○マンション管理委託契約書

○○マンション管理組合（以下「甲」という）と○○マンション管理会社（以下「乙」という）とは、○○マンション（以下「本マンション」という）の管理に関し、次の通り管理委託契約（以下「本契約」という）を締結する。

**第1条（総則）**　甲は、本マンションの管理に関する業務を、次条以下に定めるところにより、乙に委託し、乙はこれを受託する。

**第2条（本マンションの表示及び管理対象部分）**　本マンションの表示及び管理事務（本マンションの管理に関する業務のうち、甲が乙に委託する業務をいう。以下同じ）の対象となる部分は、次の通りである。

①　名　称

②　所在地

③　敷　地

面　積

権利形態

④　建　物

構造等　○○造地上○階建地下○階建共同住宅

建築面積　　　㎡

延床面積　　　㎡

専有部分　住宅○戸

⑤　管理対象部分

イ　敷　地

ロ　専有部分に属さない建物の部分（規約共用部分を除く）

エントランスホール、廊下、階段、エレベーターホール、共用トイレ、屋上、屋根、塔屋、ポンプ室、自家用電気室、機械室、受水槽室、高置水槽室、パイプスペース、内外壁、床、天井、柱、バルコニー、風除室

ハ　専有部分に属さない建物の附属物

エレベーター設備、電気設備、給水設備、排水設備、テレビ共同受信設備、消防・防災設備、避雷設備、各種の配線・配管、オートロック設備、宅配ボックス

ニ　規約共用部分

管理事務室、管理用倉庫、清掃員控室、集会室、トランクルーム、倉庫

ホ　附属施設

塀、フェンス、駐車場、通路、自転車置場、ゴミ集積所、排水溝、排水口、外灯設備、植栽、掲示板、専用庭、プレイロット

**第３条（管理事務の内容及び実施方法）**　管理事務の内容は、次の通りとし、別表第１から別表第４に定めるところにより実施する。

① 事務管理業務（別表第１に掲げる業務）
② 管理員業務（別表第２に掲げる業務）
③ 清掃業務（別表第３に掲げる業務）
④ 建物・設備管理業務（別表第４に掲げる業務）

**第４条（第三者への再委託）**　乙は、前条第１号の管理事務の一部又は同条第２号、第３号若しくは第４号の管理事務の全部若しくは一部を、第三者に再委託することができる。

**２**　乙が前項の規定に基づき管理事務を第三者に再委託した場合においては、乙は、再委託した管理事務の適正な処理について、甲に対して、責任を負う。

**第５条（善管注意義務）**　乙は、善良なる管理者の注意をもって

管理事務を行うものとする。

**第6条（管理事務に要する費用の負担及び支払方法）** 甲は、管理事務として乙に委託する事務（別表第1から別表第4までに定める事務）のため、乙に委託業務費を支払うものとする。

2　甲は、前項の委託業務費のうち、その負担方法が定額でかつ精算を要しない費用（以下「定額委託業務費」という）を、乙に対し、毎月、次の通り支払うものとする。

①　定額委託業務費の額

合計月額○○円

消費税及び地方消費税抜き価格　○○円

消費税額及び地方消費税額（以下、本契約において「消費税額等」という）　○○円

内訳は、別紙1の通りとする。

②　支払期日及び支払方法

毎月○日までにその○月分を、乙が指定する口座に振り込む方法により支払う。

③　日割計算

期間が1か月に満たない場合は当該月の暦日数によって日割計算を行う（1円未満は四捨五入とする）。

3　第1項の委託業務費のうち、定額委託業務費以外の費用の額（消費税額等を含む）は別紙2の通りとし、甲は、各業務終了後に、甲及び乙が別に定める方法により精算の上、乙が指定する口座に振り込む方法により支払うものとする。

4　甲は、第1項の委託業務費の他、乙が管理事務を実施するのに伴い必要となる水道光熱費、通信費、消耗品費等の諸費用を負担するものとする。

**第7条（管理事務室等の使用）** 甲は、乙に管理事務を行わせるために不可欠な管理事務室、管理用倉庫、清掃員控室、器具、

備品等（次項において「管理事務室等」という）を無償で使用させるものとする。

2　乙の管理事務室等の使用に係る費用の負担は、次の通りとする。

①　○○○○費 甲（又は乙）の負担とする。

②　○○○○費 甲（又は乙）の負担とする。

③　○○○○費 甲（又は乙）の負担とする。

④　○○○○費 甲（又は乙）の負担とする。

**第8条（緊急時の業務）**　乙は、第3条の規定にかかわらず、次の各号に掲げる災害又は事故等の事由により、甲のために、緊急に行う必要がある業務で、甲の承認を受ける時間的な余裕がないものについては、甲の承認を受けないで実施することができる。この場合において、乙は、速やかに、書面をもって、その業務の内容及びその実施に要した費用の額を甲に通知しなければならない。

①　地震、台風、突風、集中豪雨、落雷、雪、噴火、ひょう、あられ等

②　火災、漏水、破裂、爆発、物の飛来若しくは落下又は衝突、犯罪等

2　甲は、乙が前項の業務を遂行する上でやむを得ず支出した費用については、速やかに、乙に支払わなければならない。ただし、乙の責めによる事故等の場合はこの限りでない。

**第9条（管理事務の報告等）**　乙は、甲の事業年度終了後○か月以内に、甲に対し、当該年度における管理事務の処理状況及び甲の会計の収支の結果を記載した書面を交付し、管理業務主任者をして、報告をさせなければならない。

2　乙は、毎月末日までに、甲に対し、前月における甲の会計の収支状況に関する書面を交付しなければならない。

3　乙は、甲から請求があるときは、管理事務の処理状況及び甲

の会計の収支状況について報告を行わなければならない。

4　前３項の場合において、甲は、乙に対し、管理事務の処理状況及び甲の会計の収支に係る関係書類の提示を求めることができる。

**第10条（管理費等滞納者に対する督促）**　乙は、第３条第１号の業務のうち、出納業務を行う場合において、甲の組合員に対し別表第１の１⑵②による管理費、修繕積立金、使用料その他の金銭（以下「管理費等」という）の督促を行っても、なお当該組合員が支払わないときは、その責めを免れるものとし、その後の収納の請求は甲が行うものとする。

2　前項の場合において、甲が乙の協力を必要とするときは、甲及び乙は、その協力方法について協議するものとする。

**第11条（有害行為の中止要求）**　乙は、管理事務を行うため必要なときは、甲の組合員及びその所有する専有部分の占有者（以下「組合員等」という）に対し、甲に代わって、次の各号に掲げる行為の中止を求めることができる。

① 法令、管理規約又は使用細則に違反する行為
② 建物の保存に有害な行為
③ 所轄官庁の指示事項等に違反する行為又は所轄官庁の改善命令を受けるとみられる違法若しくは著しく不当な行為
④ 管理事務の適正な遂行に著しく有害な行為
⑤ 組合員の共同の利益に反する行為
⑥ 前各号に掲げるものの他、共同生活秩序を乱す行為

2　乙が、前項の規定により中止を求めても、なお甲の組合員等がその行為を中止しないときは、乙はその責めを免れるものとし、その後の中止等の要求は甲が行うものとする。

**第12条（通知義務）**　甲及び乙は、本マンションにおいて滅失、き損、瑕疵等の事実を知った場合においては、速やかに、その

状況を相手方に通知しなければならない。

2　甲及び乙は、次の各号に掲げる場合においては、速やかに、書面をもって、相手方に通知しなければならない。

①　甲の役員又は組合員が変更したとき

②　甲の組合員がその専有部分を第三者に貸与したとき

③　乙が商号又は住所を変更したとき

④　乙が合併又は会社分割したとき

⑤　乙がマンションの管理の適正化の推進に関する法律（平成12年法律第149号）の規定に基づき処分を受けたとき

⑥　乙が第18条第２項第１号及び第２号に掲げる事項に該当したとき

**第13条（専有部分等への立入り）**　乙は、管理事務を行うため必要があるときは、甲の組合員等に対して、その専有部分又は専用使用部分（以下「専有部分等」という）への立入りを請求することができる。

2　前項の場合において、乙は、甲の組合員等がその専有部分等への立入りを拒否したときは、その旨を甲に通知しなければならない。

3　第１項の規定にかかわらず、乙は、第８条第１項各号に掲げる災害又は事故等の事由により、甲のために緊急に行う必要がある場合、専有部分等に立ち入ることができる。この場合において、乙は、甲及び乙が立ち入った専有部分等に係る組合員等に対し、事後速やかに、報告をしなければならない。

**第14条（管理規約の提供等）**　乙は、宅地建物取引業者が、甲の組合員から、当該組合員が所有する専有部分の売却等の依頼を受け、その媒介等の業務のために、理由を付した書面又は電磁的方法により管理規約の提供及び別表第５に掲げる事項の開示を求めてきたときは、甲に代わって、当該宅地建物取引業者に対し、管理規約の写しを提供し、及び別表第5に掲げる事項について書面をもって、又は電磁的方法により開示するものとする。甲の組合員が、当該組合員が所有する専有部分の売却等を目的とする情報収集のためにこれらの提供等を求めてきたときも、同様とする。

2　乙は、前項の業務に要する費用を管理規約の提供等を行う相手方から受領することができるものとする。

3　第1項の場合において、乙は、当該組合員が管理費等を滞納しているときは、甲に代わって、当該宅地建物取引業者に対し、その清算に関する必要な措置を求めることができるものとする。

**第15条（乙の使用者責任）**　乙は、乙の従業員が、その業務の遂行に関し、甲又は甲の組合員等に損害を及ぼしたときは、甲又は甲の組合員等に対し、使用者としての責任を負う。

**第16条（守秘義務等）**　乙及び乙の従業員は、正当な理由がなく、管理事務に関して知り得た甲及び甲の組合員等の秘密を漏らしてはならない。この契約が終了した後においても、同様とする。

2　乙は、甲の組合員等に関する個人情報について、その適正な取扱いを確保しなければならない。

**第17条（免責事項）**　乙は、甲又は甲の組合員等が、第8条第1項各号に掲げる災害又は事故等（乙の責めによらない場合に限る）による損害及び次の各号に掲げる損害を受けたときは、その損害を賠償する責任を負わないものとする。

①　乙が善良なる管理者の注意をもって管理事務を行ったにもかかわらず生じた管理対象部分の異常又は故障による損害

②　乙が、書面をもって注意喚起したにもかかわらず、甲が承認しなかった事項に起因する損害

③　前各号に定めるものの他、乙の責めに帰することができない事由による損害

**第18条（契約の解除）** 甲及び乙は、その相手方が、本契約に定められた義務の履行を怠った場合は、相当の期間を定めてその履行を催告し、相手方が当該期間内に、その義務を履行しないときは、本契約を解除することができる。この場合、甲又は乙は、その相手方に対し、損害賠償を請求することができる。

2 甲は、乙が次の各号のいずれかに該当するときは、本契約を解除することができる。

① 乙が銀行の取引を停止されたとき、若しくは破産、会社更生、民事再生の申立てをしたとき、又は乙が破産、会社更生、民事再生の申立てを受けたとき

② 乙が合併又は破産以外の事由により解散したとき

③ 乙がマンション管理業の登録の取消の処分を受けたとき

**第19条（解約の申入れ）** 前条の規定にかかわらず、甲及び乙は、その相手方に対し、少なくとも３か月前に書面で解約の申入れを行うことにより、本契約を終了させることができる。

**第20条（本契約の有効期間）** 本契約の有効期間は、令和○年○月○日から令和○年○月○日までとする。

**第21条（契約の更新）** 甲又は乙は、本契約を更新しようとする場合、本契約の有効期間が満了する日の３か月前までに、その相手方に対し、書面をもって、その旨を申し出るものとする。

2 本契約の更新について申し出があった場合において、その有効期間が満了する日までに更新に関する協議がととのう見込みがないときは、甲及び乙は、本契約と同一の条件で、期間を定めて暫定契約を締結することができる。

**第22条（法令改正に伴う契約の変更）** 甲及び乙は、本契約締結後の法令改正に伴い管理事務又は委託業務費を変更する必要が生じたときは、協議の上、本契約を変更することができる。ただし、消費税法等の税制の制定又は改廃により、税率等の改定

があった場合には、委託業務費のうちの消費税額等は、その改定に基づく額に変更する。

**第23条（誠実義務等）** 甲及び乙は、本契約に基づく義務の履行について、信義を旨とし、誠実に行わなければならない。

**2** 本契約に定めのない事項又は本契約について疑義を生じた事項については、甲及び乙は、誠意をもって協議するものとする。

**第24条（反社会的勢力の排除）** 乙は、甲に対し、次の各号の事項を確約する。

① 自らが、暴力団、暴力団関係企業、総会屋若しくはこれらに準ずる者又はその構成員（以下これらを総称して「反社会的勢力」という）ではないこと。

② 自らの役員（業務を執行する社員、取締役、執行役又はこれらに準ずる者をいう）が反社会的勢力ではないこと。

③ 反社会的勢力に自己の名義を利用させ、本契約を締結するものではないこと。

④ 本契約の有効期間内に、自ら又は第三者を利用して、次の行為をしないこと。

イ 相手方に対する脅迫的な言動又は暴力を用いる行為

ロ 偽計又は威力を用いて相手方の業務を妨害し、又は信用を棄損する行為

**2** 乙について、本契約の有効期間内に、次の各号のいずれかに該当した場合には、甲は何らの催告を要せずして、本契約を解除することができる。

① 前項第１号又は前項第２号の確約に反する申告をしたことが判明した場合

② 前項第３号の確約に反し契約をしたことが判明した場合

③ 前項第４号の確約に反する行為をした場合

**第25条（合意管轄裁判所）** 本契約に起因する紛争に関し、訴訟

を提起する必要が生じたときは、本マンションの所在地を管轄する○○地方（簡易）裁判所を第一審管轄裁判所とするものとする。

本契約の成立の証として契約書２通を作成し、甲及び乙が記名押印した上、各自１通を保有するものとする。

令和○年○月○日

甲　東京都○○区○○町○丁目○番地
　　○○マンション
　　代表者　○○○○　㊞

乙　埼玉県○○市○○町○丁目○番地
　　○○マンション管理株式会社
　　代表者　○○○○　㊞
　　管理業務主任者　㊞

代表者以外の者（支店長等）が契約当事者となる場合

乙　住　所
　　商　号
　　代表者
　　契約当事者（支店長等）　㊞
　　管理業務主任者　㊞

# 2 マンション管理適正化指針・マンション管理標準指針

管理レベルが「標準的な対応」に達しているかをチェックする

## マンション管理適正化指針とは

マンションの管理の適正化の推進に関する法律（マンション管理適正化法）に基づき、マンション管理の適正化を推進するために、必要な事項を定めた基本方針が「マンションの管理の適正化に関する指針」です。マンション管理の基本的方向を示すことが目的であり、そのための組織である管理組合の運営に関する内容や、マンションの経年劣化などに対応するために、必要不可欠である長期修繕計画の策定や見直しに関する内容などを明示しています。

平成28年の改正では、コミュニティ形成の積極的な取り組みに関する規定が新たに明記されました。マンションにおけるコミュニティ形成は、日常的なトラブルの防止や防犯などの観点から重要であり、良好なコミュニティを積極的に形成することが推奨されています。もっとも、マンション管理と自治会活動の範囲・相互関係を整理し、管理費と自治会費の徴収・支出を分けて適切に運用することが必要としています。その他、外部専門家が管理組合の役員に就任する場合に、組合員などが役員の選任や業務の監視を適正に行うなどの留意事項が明記されました。

## マンション管理標準指針とは

マンション管理標準指針とは、マンション管理にあたって留意すべき項目と対応を示した指針で、平成17 年に国土交通省が公表したものです。

マンション管理についての基本ルールは区分所有法ですが、立地も築年数も異なるマンション管理の方法を一律に規制するのは望ましくありません。そこで、各々のマンションは、個別具体的な事情に応じて自主的なルールである管理規約（規約）を定めて、マンション管理にあたることになります。その際に参考になるのが「マンション標準管理規約」です。

しかし、個別具体的な事情に応じて自主的にマンション管理を行うといっても、何をもって適切な管理なのか、という客観的な基準がわからず、自分の居住するマンションの管理レベルがどの程度なのか正確に把握することは難しいといえます。

このような場合に、マンション管理標準指針（以下では「本指針」といいます）の記載事項を参考にして、マンション管理のより一層の適正化を図るとよいでしょう。

本指針は、マンション管理を行う上での基本的項目と、その基本的項目についてどのような対応をすべきかについて記載しています。「指針」というと羅列された文章を想像しがちですが、表形式にまとめてあり、読みやすさを重視した構成になっています。

具体的には、本指針では、一番左の行に「項目」を挙げ、それぞれの項目に対する「標準的な対応」を記載するとともに、一部の項目に対しては「望ましい対応」をあわせて記載する、という形式を採用しています。このように「標準的な対応」と「望ましい対応」を区別して示していることが、本指針の特徴です。

本指針が掲げる項目は多岐にわたりますが、住民の安全を守る上で必要不可欠な「防災・防犯」の対策や、マンションの財政的基盤を確保するために重要な「管理費等の徴収」の対策に関しても「標準的な対応」などが示されており、マンション管理の向上をめざす上で役立つといえるでしょう。

## マンション管理標準指針の使い方と効果

本指針をマンション管理に反映させる場合、共用部分などの管理を担う管理組合は、まず、本指針が掲げているすべての項目について、自らのマンションの管理レベルが「標準的な対応」に達しているかどうかをチェックします。達していない項目については、適切な管理がなされているとはいえない状況ですから、管理レベルが向上するように、規約の見直し、設備の充実を含めて、管理の方法を修正します。

次に、自らのマンションの各項目の管理レベルが「標準的な対応」をクリアしている場合には、「望ましい対応」が実現されるように管理を工夫します。「望ましい対応」の管理レベルに達しているマンションは多くないと思われますが、より一層の管理レベルの向上のために、達成を心がけるべきといえます。

このように、本指針の策定により、居住するマンションの管理レベルがどの程度なのかが把握しやすくなっており、管理組合による管理の改善が行いやすくなるという効果が期待できます。

また、マンションを購入する側にとっても、マンションの管理レベルを理解した上で契約を締結することができるので、トラブルを予防するという効果も期待できるでしょう。

## マンション管理標準指針の入手方法

本指針は国土交通省が策定しているので、国土交通省のホームページ（https://www.mlit.go.jp/）から入手ができます。本指針の考え方や関連制度・条文・データを補足した「マンション管理標準指針コメント」も、国土交通省のホームページで入手が可能です。コメントの方は、分量が多いですが、マンション管理の基本を理解する上で、参考にしてみるとよいでしょう。

## マンションの管理の適正化に関する指針

（平成13年８月１日国土交通省告示第1289号）

マンションの管理の適正化の推進に関する法律（平成12年法律第149号）第三条に基づき、マンションの管理の適正化に関する指針を定めたので、同条の規定に基づき、公表する。

我が国におけるマンションは、土地利用の高度化の進展に伴い、職住近接という利便性や住空間の有効活用という機能性に対する積極的な評価、マンションの建設・購入に対する融資制度や税制の整備を背景に、都市部を中心に持家として定着し、重要な居住形態となっている。

その一方で、一つの建物を多くの人が区分して所有するマンションは、各区分所有者等の共同生活に対する意識の相違、多様な価値観を持った区分所有者間の意思決定の難しさ、利用形態の混在による権利・利用関係の複雑さ、建物構造上の技術的判断の難しさなど、建物を維持管理していく上で、多くの課題を有している。

特に、今後、建築後相当の年数を経たマンションが、急激に増大していくものと見込まれることから、これらに対して適切な修繕がなされないままに放置されると、老朽化したマンションは、区分所有者自らの居住環境の低下のみならず、ひいては周辺の住環境や都市環境の低下など、深刻な問題を引き起こす可能性がある。

このような状況の中で、我が国における国民生活の安定向上と国民経済の健全な発展に寄与するためには、管理組合によるマンションの適正な管理が行われることが重要である。

この指針は、このような認識の下に、管理組合によるマンションの管理の適正化を推進するため、必要な事項を定めるものである。

また、マンションにおけるコミュニティ形成は、日常的なトラブルの防止や防災減災、防犯などの観点から重要なものであり、管理組合においても、建物の区分所有等に関する法律（昭和37年法律第69号）に則り、良好なコミュニティの形成に積極的に取り組むことが望ましい。

### 一　マンションの管理の適正化の基本的方向

マンションは、今や我が国における重要な居住形態となり、その適切な管理は、マンションの区分所有者等だけでなく、社会的にも要請されているところである。

　このようなマンションの重要性にかんがみ、マンションを社会的資産として、この資産価値をできる限り保全し、かつ、快適な居住環境が確保できるように、以下の点を踏まえつつ、マンションの管理を行うことを基本とするべきである。

1　マンションの管理の主体は、マンションの区分所有者等で構成される管理組合であり、管理組合は、マンションの区分所有者等の意見が十分に反映されるよう、また、長期的な見通しを持って、適正な運営を行うことが重要である。特に、その経理は、健全な会計を確保するよう、十分な配慮がなされる必要がある。また、第三者に管理事務を委託する場合は、その内容を十分に検討して契約を締結する必要がある。

2　管理組合を構成するマンションの区分所有者等は、管理組合の一員としての役割を十分認識して、管理組合の運営に関心を持ち、積極的に参加する等、その役割を適切に果たすよう努める必要がある。

3　マンションの管理は、専門的な知識を必要とすることが多いため、管理組合は、問題に応じ、マンション管理士等専門的知識を有する者の支援を得ながら、主体性をもって適切な対応をするよう心がけることが重要である。

4　さらに、マンションの状況によっては、外部の専門家が、管理組合の管理者等又は役員に就任することも考えられるが、その場合には、マンションの区分所有者等が当該管理者等又は役員の選任や業務の監視等を適正に行うとともに、監視・監督の強化のための措置等を講じることにより適正な業務運営を担保することが重要である。

5　マンションの管理の適正化を推進するため、国、地方公共団体及びマンション管理適正化推進センターは、その役割に応じ、必要な情報提供等を行うよう、支援体制を整備・強化することが必要である。

**二　マンションの管理の適正化の推進のために管理組合が留意すべき基本的事項**

1　管理組合の運営

　管理組合の自立的な運営は、マンションの区分所有者等の全員が参加し、その意見を反映することにより成り立つものである。そのため、管理組合の運営は、情報の開示、運営の透明化等、開かれた民主的なものとする必要がある。また、集会は、管理組合の最高意思決定機関である。したがって、管理組合の管理者等は、その意思決定にあたっては、事前に必要な資料を整備し、集会において適切な判断が行われるよう配慮する必要がある。

管理組合の管理者等は、マンション管理の目的が達成できるように、法令等を遵守し、マンションの区分所有者等のため、誠実にその職務を執行する必要がある。

2　管理規約

管理規約は、マンション管理の最高自治規範であることから、その作成にあたっては、管理組合は、建物の区分所有等に関する法律に則り、「マンション標準管理規約」を参考として、当該マンションの実態及びマンションの区分所有者等の意向を踏まえ、適切なものを作成し、必要に応じ、その改正を行うことが重要である。さらに、快適な居住環境を目指し、マンションの区分所有者等間のトラブルを未然に防止するために、使用細則等マンションの実態に即した具体的な住まい方のルールを定めておくことが肝要である。

管理規約又は使用細則等に違反する行為があった場合、管理組合の管理者等は、その是正のため、必要な勧告、指示等を行うとともに、法令等に則り、その是正又は排除を求める措置をとることが重要である。

3　共用部分の範囲及び管理費用の明確化

管理組合は、マンションの快適な居住環境を確保するため、あらかじめ、共用部分の範囲及び管理費用を明確にし、トラブルの未然防止を図ることが重要である。

特に、専有部分と共用部分の区分、専用使用部分と共用部分の管理及び駐車場の使用等に関してトラブルが生じることが多いことから、適正な利用と公平な負担が確保されるよう、各部分の範囲及びこれに対するマンションの区分所有者等の負担を明確に定めておくことが望ましい。

4　管理組合の経理

管理組合がその機能を発揮するためには、その経済的基盤が確立されていることが重要である。このため、管理費及び修繕積立金等について必要な費用を徴収するとともに、これらの費目を明確に区分して経理を行い、適正に管理する必要がある。

また、管理組合の管理者等は、必要な帳票類を作成してこれを保管するとともに、マンションの区分所有者等の請求があった時は、これを速やかに開示することにより、経理の透明性を確保する必要がある。

5　長期修繕計画の策定及び見直し等

マンションの快適な居住環境を確保し、資産価値の維持・向上を図るためには、適時適切な維持修繕を行うことが重要である。特に、経年による劣化に対応するため、あらかじめ長期修繕計画を策定し、必要な修繕積立金を積み立てておくことが必要である。

長期修繕計画の策定及び見直しにあたっては、「長期修繕計画作成ガイドライン」を参考に、必要に応じ、マンション管理士等専門的知識を有する者の意見を求め、また、あらかじめ建物診断等を行って、その計画を適切なものとするよう配慮する必要がある。

長期修繕計画の実効性を確保するためには、修繕内容、資金計画を適正かつ明確に定め、それらをマンションの区分所有者等に十分周知させることが必要である。

管理組合の管理者等は、維持修繕を円滑かつ適切に実施するため、設計に関する図書等を保管することが重要である。また、この図書等について、マンションの区分所有者等の求めに応じ、適時閲覧できるようにすることが望ましい。

なお、建築後相当の年数を経たマンションにおいては、長期修繕計画の検討を行う際には、必要に応じ、建替え等についても視野に入れて検討することが望ましい。建替え等の検討にあたっては、その過程をマンションの区分所有者等に周知させるなど透明性に配慮しつつ、各区分所有者等の意向を十分把握し、合意形成を図りながら進めることが必要である。

6　発注等の適正化

管理業務の委託や工事の発注等については、利益相反等に注意して、適正に行われる必要があるが、とりわけ外部の専門家が管理組合の管理者等又は役員に就任する場合においては、マンションの区分所有者等から信頼されるような発注等に係るルールの整備が必要である。

7　良好な居住環境の維持及び向上

マンションにおけるコミュニティ形成については、自治会及び町内会等（以下「自治会」という）は、管理組合と異なり、各居住者が各自の判断で加入するものであることに留意するとともに、特に管理費の使途については、マンションの管理と自治会活動の範囲・相互関係を整理し、管理費と自治会費の徴収、支出を分けて適切に運用することが必要である。なお、このように適切な峻別や、代行徴収に係る負担の整理が行われるのであれば、自治会費の徴収を代行することや、防災や美化などのマンションの管理業務を自治会が行う活動と連携して行うことも差し支えない。

8　その他配慮すべき事項

マンションが団地を構成する場合には、各棟固有の事情を踏まえながら、全棟の連携をとって、全体としての適切な管理がなされるように配慮することが重要である。

また、複合用途型マンションにあっては、住宅部分と非住宅部分との利害の調整を図り、その管理、費用負担等について適切な配慮をすることが重要である。

**三　マンションの管理の適正化の推進のためにマンションの区分所有者等が留意すべき基本的事項等**

マンションを購入しようとする者は、マンションの管理の重要性を十分認識し、売買契約だけでなく、管理規約、使用細則、管理委託契約、長期修繕計画等管理に関する事項に十分に留意する必要がある。

また、マンションの区分所有者等は、マンションの居住形態が戸建てのものとは異なり、相隣関係等に配慮を要する住まい方であることを十分に認識し、その上で、マンションの快適かつ適正な利用と資産価値の維持を図るため、管理組合の一員として、進んで、集会その他の管理組合の管理運営に参加するとともに、定められた管理規約、集会の決議等を遵守する必要がある。そのためにも、マンションの区分所有者等は、マンションの管理に関する法律等に関する理解を深める必要がある。

専有部分の賃借人等の占有者は、建物又はその敷地若しくは附属施設の使用方法につき、マンションの区分所有者等が管理規約又は集会の決議に基づいて負う義務と同一の義務を負うことに十分に留意することが重要である。

**四　マンションの管理の適正化の推進のための管理委託に関する基本的事項**

管理組合は、マンションの管理の主体は管理組合自身であることを認識したうえで、管理事務の全部又は一部を第三者に委託しようとする場合は、その委託内容を十分に検討し、書面をもって管理委託契約を締結することが重要である。

なお、管理委託契約先を選定する場合には、管理組合の管理者等は、事前に必要な資料を収集し、マンションの区分所有者等にその情報を公開するとともに、マンション管理業者の行う説明会を活用し、適正な選定がなされるように努める必要がある。

また、管理委託契約先が選定されたときは、管理組合の管理者等は、当該契約内容を周知するとともに、マンション管理業者の行う管理事務の報告等を活用し、管理事務の適正化が図られるよう努める必要がある。

万一、マンション管理業者の業務に関して問題が生じた場合には、管理組合は、当該マンション管理業者にその解決を求めるとともに、必要に応じ、マンション管理業者の所属する団体にその解決を求める等の措置を講じることが必要である。

**五　マンション管理士制度の普及と活用について**

マンションの管理は、専門的な知識を要する事項が多いため、国、地方公共団体及びマンション管理適正化推進センターは、マンション管理士制度が早期に定着し、広く利用されることとなるよう、その普及のために必要な啓発を行い、マンション管理士に関する情報提供に努める必要がある。

なお、管理組合の管理者等は、マンションの管理の適正化を図るため、必要に応じ、マンション管理士等専門的知識を有する者の知見の活用を考慮することが重要である。

**六　国、地方公共団体及びマンション管理適正化推進センターの支援**

マンションの管理の適正化を推進するためには、「マンション標準管理規約」をはじめ必要な情報・資料の提供、技術的支援等が不可欠である。

このため、国及び地方公共団体は、必要に応じ、マンションの実態の調査及び把握に努め、マンションに関する情報・資料の提供について、その充実を図るとともに、特に、地方公共団体、マンション管理適正化推進センター、マンション管理士等の関係者が相互に連携をとり、管理組合の管理者等の相談に応じられるネットワークの整備が重要である。

さらに、地方公共団体は、マンション管理士等専門的知識を有する者や経験豊かで地元の実情に精通し、マンションの区分所有者等から信頼される者等の協力を得て、マンションに係る相談体制の充実を図るよう努める必要がある。

マンション管理適正化推進センターにおいては、関係機関及び関係団体との連携を密にし、管理組合の管理者等に対する積極的な情報・資料の提供を行う等、管理適正化業務を適正かつ確実に実施する必要がある。

附則

（平成28年３月14日国土交通省告示第490号）

（施行期日）

この告示は、公布の日から施行する。

# 3 滞納管理費を回収するための法的手段の内容

督促、保有財産の調査、法的措置の段階をマニュアル化する

## 滞納者から管理費を回収する手段

管理組合は、規約に定めることで、マンション管理の際に必要となる諸費用を組合員（区分所有者）から徴収することができます。この諸費用を「管理費」といいます（マンション標準管理規約25条）。管理費を滞納する組合員がいると、管理組合の会計に悪影響が及びます。また、滞納の状態を放置すると、他の組合員がその滞納分の穴埋めを強いられることになりかねません。そのため、管理組合は、管理費を滞納している組合員から、滞納分を適切に回収することが重要になります。

そして、滞納管理費（滞納中の管理費）を回収するための手続きは、マンション標準管理規約の「コメント」において詳細に示していますので、その内容をもとにして、滞納管理費を回収するためのマニュアルを作成しておくとよいでしょう。

以下では、滞納管理費を回収する手続きの詳細について、順を追って確認していきます。なお、以下の手続きは、滞納中の「修繕積立金」を回収する際にも利用することができます。

## 滞納管理費の督促

管理費の滞納が発生した場合、管理組合は、滞納者に対して請求や催告を行うことで、管理費の支払いを督促します。管理組合は、請求や催告をするのと同時に、状況が改善されない場合にどのような法的措置を執るのかについて、滞納者に警告をします。

滞納者への督促は、滞納期間に合わせて段階的に行います。具体的には、滞納が発生して１か月目は電話と書面（未納のお知らせ）によ

る連絡、2か月目は電話と書面（請求書）による確認、3か月目は電話と書面（催告書）による催告、というように書面を厳格な形式に変化させながら滞納者の支払いを促します。単に滞納者が支払いを失念していた場合であれば、3か月目あたりまでに支払いが行われ、滞納の状態が解消されます。ここまでに滞納が解消されない場合は、4か月目に自宅訪問を行い、それでも解消しなければ、配達記録付の内容証明郵便（242ページ）を送ります。

以上の督促手続きを行っても、滞納の状態が解消されない場合には、次の段階として、滞納者の保有財産の調査や法的措置を行うことになります。

## 滞納者の保有財産の調査

督促手続きによって滞納の状態が解消されない場合は、滞納者の保有財産の調査を行います。この調査は、大きく分けて、①専有部分等に抵当権などの担保権が設定されているか、②専有部分等以外の資産があるか、という2点から進められます。

「調査①」は、専有部分等について先取特権を行使できるかを確認するために行われます。区分所有法7条により、滞納管理費を回収する権利（債権）には先取特権が認められるため、他の一般債権者（担保権を持たない債権者）に優先して弁済を受けることができます。しかし、この先取特権は、抵当権などの登記された担保権には劣後します。そこで、専有部分等について先取特権を行使する実効性があるかを確認することが必要です。

「調査②」は、たとえば、滞納者に金融資産があるか、他に不動産を所有しているか、などを確認するために行われます。ただし、金融機関によっては、管理組合からの情報開示請求に対して、滞納者本人の同意を求める場合もあります。また、不動産については登記情報を閲覧して調査を進めていくことになります。

## 法的措置の内容（担保権の実行や競売請求）

滞納者の保有財産の調査を行い、準備が整った後に、実効性のある法的措置をとることになります。滞納管理費を回収するための法的措置としては、①区分所有法７条の先取特権の実行、②区分所有者の資産に対する強制執行、③区分所有法59条の競売申立て、という３つの方法があります。

### ①　区分所有法７条の先取特権の実行

裁判所に対して専有部分等の担保不動産競売の申立てをすることです。滞納管理費を回収する権利（債権）は、滞納者の区分所有権と建物に備え付けた動産に対して先取特権を有します。したがって、前述した滞納者の保有財産の「調査①」において先取特権を行使する実効性があると認められた場合に、管理組合が先取特権に基づく不動産競売の申立てをする実益が生まれます。

この先取特権の実行により、訴訟手続きを経なくても競売ができますが､不動産を競売できる（区分所有権に対し先取特権を実行できる）のは、先取特権の対象になる建物に備え付けた動産に対する担保権の実行では滞納額の全額を回収できない場合に限られます。競売の対象となる資産の範囲が専有部分等に限定される点にも注意が必要です。

### ②　区分所有者の資産に対する強制執行

滞納者の保有財産の「調査②」により、滞納者に預金やその他の保有財産があると認められたときに有効な手段です。先取特権と異なり、対象となる資産の範囲に制限がない点が特徴です。強制執行をするためには、訴訟に勝訴するなどによって債務名義を得てから、執行文の付与を受け、送達証明書を取得することが必要になります（249～250ページを参照）。

ただし、債務名義を得る手段の中には、簡素化されたものも用意されています。たとえば、訴訟の場合、請求金額が140万円を超えると、地方裁判所に訴えることが必要ですが、請求金額が140万円以下であれば、簡易裁判所に訴えることも可能になります。また、請求金額が60万円以下であれば、少額訴訟という簡易な手続きを選択することができます。少額訴訟を利用すると即日判決が言い渡されるため、迅速に強制執行までの手続きを進めることが可能になります。

その他、請求金額に争いがない場合は、支払督促に仮執行宣言を付すことで強制執行の手続を進めることもできます。支払督促を利用するときは、請求金額がいくらであっても、簡易裁判所の裁判所書記官に申立てを行います。支払督促は費用負担が少ないため、管理費滞納の事案でよく利用される方法のひとつです。このように、債務名義を得る手段はさまざまありますので、個々の事例に合わせて、有効な方法を選択するようにしましょう。

### ③　区分所有法59条の競売申立て

前述した2つの方法によっても、滞納管理費の全額を回収できない場合の最終手段です。この方法は「他の方法によっては区分所有者の共同生活の維持を図ることが困難である」と認められる場合にのみ行うことができます。手続きとしては、管理組合が総会（集会）の特別

### ■ 滞納管理費の回収手続き ……………………………………

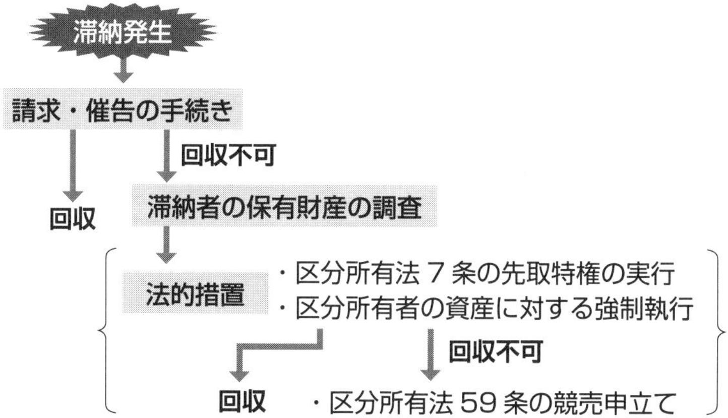

決議に基づいて裁判所に競売請求訴訟を提起し、競売請求の認容判決（勝訴判決）を得て、不動産競売の申立てをする、という流れです。競売によって区分所有権が売却されると、新しい所有者が滞納管理費を支払うことになります。

### ■ マンション管理費の支払請求（内容証明郵便）……………………

催告書

　当マンションでは、区分所有者の皆様に月々２万５千円の管理費をお支払いいただくことになっており、それは規約にも規定されております。しかしながら、令和○年○月分より、貴殿から管理費の支払いがなされておりません。

　つきましては、令和○年○月から同年×月分までの未納管理費合計１０万円を直ちにお支払いいただきますよう請求致します。

　なお、お支払いがない場合は、訴訟手続をとらざるを得なくなります。その点をお汲み取りいただき、速やかに対応いただければと存じます。

　令和○年○月○日

東京都○○区○○町○丁目○番○号

○○マンション管理組合

理事長　○○○○　印

　東京都○○区○○町○丁目○番○号○○マンション×××号室

　○○○○　殿

**Q　管理費を滞納した場合の遅延損害金は、一般的に年利何%までに設定したらよいのでしょうか。**

**A**　遅延損害金（利息）とは、マンションの管理費等を滞納した区分所有者に対し、滞納管理費の元金に加えて請求する損害賠償金です。マンション標準管理規約60条２項には、遅延損害金についての規定があり、年利の設定は管理組合の裁量に委ねられています。一般的には、規約において消費者契約法を参考に「年利14.6％」と設定している管理組合が多く存在します。

一方で、それを超えた遅延損害金であっても有効としている裁判例は多くあります。管理費はマンションの維持管理のために必要不可欠なものであり、滞納管理費の回収には多くの労力がかかることを踏まえると、消費者契約法等の利率を超える設定は有効であり、滞納を予防するためにも心理的抑圧となる利率を設定することが望ましいと考えられます。ただし、あまりに高すぎる場合は公序良俗に反するものとして無効になりますので注意しましょう。また、規約等に定めがない場合は、民法所定の法定利率である年利３％が適用されます。なお、法定利率は３年を１期として期ごとに見直されることになっています。

**Q　管理費の長期滞納者に対して、やむを得ず訴訟などの法的手段を行使することにしたいと思います。管理費の支払請求をする際にはどんな点を注意したらよいのでしょうか。**

**A**　管理費の納入は、共用部分に対する負担であって、区分所有者の基本的な義務であり（区分所有法19条）、滞納が発生した場合は速やかに対処する必要があります。管理費の滞納に関する訴訟において、管理組合側が敗訴するケースはほぼありませんが、「消滅時効」の成立により敗訴するケースがある点に注意が必要です。

管理費の支払請求権は原則５年で消滅時効にかかるため、滞納が発覚したら、できる限り早く滞納状況を解消するために行動することが重要です。長期滞納者が発生した場合には、消滅時効の成立を防ぐためにも「時効の完成猶予･更新」を生じさせる措置を講じることが重要です。

まず、時効の完成猶予とは、一定の事由が終了するまで時効が完成しない制度です。たとえば、訴訟の提起や支払督促の申立てをすることが「一定の事由」に該当し、時効の完成猶予を生じさせることができます。

次に、時効の更新とは、時効期間がゼロに戻り、新たな時効期間が進行し始める制度であり、時効の完成猶予より管理組合側にとって有利な効果が発生します。比較的容易な方法として、滞納者の「承認」によって時効の更新を生じさせることが可能です。たとえば、管理費滞納を認める内容を含んだ「合意書」「念書」などを滞納者から取り付けることが考えられます。その他、訴訟の勝訴判決や支払督促が確定したときも時効の更新が生じます。

**Q　長期にわたり管理費の滞納が続いている区分所有者について訴訟を提起し勝訴判決を得たのですが、抵当権がついていてオーバーローン状態のため競売申立てをすることもできずに困っています。**

**A**　本ケースの場合は区分所有法59条に基づく「競売請求訴訟」が有効です。競売手続きをしても配当が得られない場合、管理費請求訴訟の勝訴判決を債務名義とする競売申立ては却下（無剰余取消）される可能性が高いのに対し、競売請求訴訟では無剰余取消の適用がないからです。競売請求訴訟は、区分所有者の共同の利益に反する行為をした区分所有者に対する請求のひとつです。競売請求訴訟に勝訴すると区分所有者を完全に追い出せるため、厳格な要件が必要とされていますが、本ケースは要件を満たす可能性が高いので、競売請求訴訟を検討してみてください。

滞納期間が長いときや、滞納管理費が多額のときは、競売請求訴訟で勝訴しやすくなります。逆に、滞納者に支払意思があるときや、和解を希望しているときは敗訴する可能性があるので注意しましょう。

**Q　管理費の支払いを拒絶している区分所有者について、裁判で滞納管理費と一緒に将来の管理費の請求もすることはできるのでしょうか。**

**A**　裁判による将来の管理費の請求は、あらかじめ請求をする必要がある場合に限り認められます(民事訴訟法135条)。本ケースの場合は支払いを拒絶しているので、認められる可能性は高いでしょう。ただし、１～２回ほどしか支払いを拒絶してない場合や支払わないことに合理的理由がある場合は、認められないこともあります。何回請求しても支払わないなど、支払日が来ても支払う見込みがない区分所有者かどうかを請求前に確認しましょう。

**Q　管理費を滞納している区分所有者が死亡していることがわかった場合、管理費は誰に請求したらよいのでしょうか。**

**A**　管理費の支払債務は相続人が承継するので、相続人の有無を調査します。配偶者は常に相続人になります。そして、第一順位の相続人は子どもです。子どもがいなければ、第二順位の両親(どちらもいない場合は祖父母）が相続人になり、第二順位もいなければ、第三順位の兄弟姉妹が相続人になります。相続人不明の場合は、役所で亡くなられた方の出生から死亡までの戸籍を収集し、相続人を確定させます。戸籍を取り寄せる際には、疎明資料の提出などが求められるため、事前に何が必要かを問い合わせておきましょう。

相続人に請求したときに「私は相続財産（プラスの財産）を承継していないので支払う必要はない」と主張されるかもしれませんが、相続財産を承継していなくても債務（マイナスの財産）は承継するので、管理費の支払いを請求して問題ありません。ただし、相続放棄をしている場合は相続人でないと扱われるので、別の相続人に請求します。亡くなった人に対する管理費請求権を持っている管理組合は家庭裁判所に相続放棄の有無を照会できるので、これを行っておくとよいでしょう。相続人全員が相続放棄していた場合は、亡くなった人の債務を清算する相続財産管理人の選任を家庭裁判所に申し立てる必要があります。選任されたら相続財産管理人に管理費の支払いを請求しましょう。

**Q 管理費を滞納している区分所有者に支払いを請求するために内容証明郵便を送りましたが、所在不明のため戻ってきた場合、どう対処すればよいのでしょうか。**

**A** この場合、管理費請求訴訟を提起するしかありません。訴訟の場合も訴状などを送達する必要はあるのですが、公示送達や付郵便送達といった方法があり、相手方が所在不明でも手続きを進めることができるからです。

ただ、これらの送達をするには、訴訟の相手方となる区分所有者の所在調査が必要です。その者の住民票もしくは戸籍の附票を取得し(取得の際は疎明資料の提出などが求められます)、そこに記載している住所の場所に行きます。そこで、表札の有無や、電気メーターの動きなどの生活感の有無を調査し、近所の方への聞き込みや、住所の場所にある建物の写真撮影などを行います。所在調査の結果、相手方が所在不明となれば公示送達を行い、所在は判明したが訴状などの受取りを拒否している場合は付郵便送達を行います。以上の手続きが必要であるため、訴状などの送達には時間がかかる点に気を付けましょう。

# 4　法的措置の利用法

一般的な法的措置に加えて区分所有法７条の競売申立てなどがある

## 内容証明郵便

内容証明郵便は、誰が、どんな内容の郵便を、誰に送ったのか、を郵便局（日本郵便株式会社）が証明してもらえる特殊な郵便です。内容証明郵便を配達証明付ということにしておけば、郵便物を発信した事実から、その内容、さらには相手に配達された日時まで証明をしてもらえます。後々訴訟になった場合の強力な証拠にもなります。内容証明郵便で１枚の用紙に書ける文字数には一定の制約があります。

## 一般的な法的措置の利用

一般的な法的措置には、①裁判所で滞納管理費について当事者同士が話し合う調停、②裁判所に滞納管理費の強制回収を認めてもらう支払督促、③裁判所に滞納管理費の支払いを求めて訴えを提起する訴訟、という３つのパターンがあります。

**①　調停（民事調停）**

話し合いで紛争を解決したいと考えたとき、すぐに思い浮かぶのが調停です。調停は、第三者である調停機関が紛争の当事者双方の合意が得られるように説得しながら、和解が成立するために努力する手続きです。そして、滞納管理費については民事調停を利用するため、滞納者の住所地（通常はマンションの所在地）を管轄する簡易裁判所に申し立てます。

**②　支払督促**

支払督促は、滞納者の住所地を管轄する簡易裁判所の裁判所書記官に対して申し立てます。支払督促申立書の請求原因には、滞納者が所有する物件を記載した上で、滞納管理費の詳細を記載します。具体的には、管理費の算出方法と、いつからいつまでの管理費が未払いであるのかを記載します。その上で、滞納管理費の合計額を記載します。

**③ 訴訟**

紛争の最終的な解決手段として利用されることが多い手続きです。裁判所に訴えを提起し、勝訴判決を得ることで目的を実現します。勝訴しても滞納者が従わない場合は、強制執行の手続きを申し立てる必要があります。訴えの提起は、滞納者の住所地（通常はマンションの所在地）を管轄する地方裁判所（滞納額が140万円以下であれば簡易裁判所でも可能です）に行います。

なお、滞納額が60万円以下の場合に利用できる訴訟手続きとして少額訴訟があります。少額訴訟の提起先は簡易裁判所です。手続きが簡単なため、自分で手軽に利用できます。254ページの訴状の書式は、少額訴訟を提起する場合のものです。この場合の訴状には、滞納管理費の金額を記載し、請求を根拠付けるマンションの管理規約などを提

## ■ 内容証明郵便の書き方 ………………………………………

| | |
|---|---|
| 用　紙 | 市販されているものもあるが、とくに指定はない。<br>B4判、A4判、B5判が使用されている。 |
| 文　字 | 日本語のみ。かな(ひらがな、カタカナ)、<br>漢字、数字(算用数字・漢数字)。<br>外国語不可。英字は不可(固有名詞に限り使用可) |
| 文字数と行数 | 縦書きの場合　：20字以内×26行以内<br>横書きの場合①：20字以内×26行以内<br>横書きの場合②：26字以内×20行以内<br>横書きの場合③：13字以内×40行以内 |
| 料　金 | 文書1枚（440円）＋郵送料（84円）＋書留料（435円）<br>＋配達証明料（差出時320円）＝1279円<br>文書が1枚増えるごとに260円加算 |

※令和元年10月1日消費税10%改訂時の料金

出します。また、書式の請求額が10万円なので、1000円分の収入印紙を訴状に貼付して納付します。

## 強制執行

強制執行は、裁判所が、権利者の権利内容を強制的に実現する手続きです。自らの敗訴判決が確定すれば、それに従って支払いなどを行う被告が多いですが、従わない場合には強制執行という手続きが必要になります。勝訴判決が確定したからといって、直ちに被告の財産に強制執行ができるわけではないからです。

まず、強制執行の根拠となる債務名義と呼ばれるものを手に入れなければなりません。債務名義とは、わかりやすくいえば、強制執行を許可する文書となります。確定判決以外にも、調停が成立した場合の調停調書、仮執行宣言付支払督促、異議申立てがなかった場合の労働審判などが債務名義となります。

次に、債務名義の末尾に「強制執行をしてもよい」という執行文

### ■ 内容証明郵便を書く際の注意事項

**・句読点**
「、」や「。」は1文字扱い

**・□の扱い**
文字を□で囲うこともできるが、□を1文字としてカウントする。たとえば、「角角」という記載については3文字として扱う

**・下線つきの文字**
下線をつけた文字については下線と文字を含めて1文字として扱う。たとえば「3か月以内」は5文字扱い

**・記号の文字数**
「%」は1文字として扱う　「㎡」は2文字として扱う

**・1字下げをした場合**
文頭など、字下げをした場合、空いたスペースは1字とは扱わない

をつけてもらいます（執行文が不要な債務名義もあります）。そして、債務者が債務名義の正本もしくは謄本を受け取ったという送達証明書を手に入れます。送達証明書は、債務者に対する強制執行の予告です。債務者が強制執行を回避するため、この時点で自ら義務を果たすこともあり得ます。

以上の「債務名義・執行文・送達証明書」の３点セットが手元にそろって、はじめて強制執行を申し立てる準備ができたことになります。

通常、強制執行は地方裁判所が行いますが、少額訴訟についての債務名義による強制執行（債権執行）は、債務名義を作成した簡易裁判所の裁判所書記官が行うこともできます。この裁判所書記官が行う強制執行を少額訴訟債権執行といいます。

## 区分所有法7条や区分所有法59条に基づく競売

区分所有法７条に基づく競売は、管理費が先取特権の被担保債権であることから、管理費の滞納者がいる場合にとり得る手段のひとつです。担保権の実行なので、競売申立ての前に訴訟の提起が不要ですが、抵当権などには劣後します。また、不動産の競売は、先取特権の対象になる建物に備え付けた動産に対する担保権の実行では滞納額の全額を回収できない場合に限られます。

### ■ 民事訴訟の手続きの流れ

**訴えの提起** → **口頭弁論**
＊第一回口頭弁論
＊争点及び証拠の整理手続
＊証拠調べ
＊口頭弁論終結
→ **判決の言渡し**
＊判決書の送達
→（判決に不服な場合）→ **上訴（控訴・上告）**

区分所有法59条に基づく競売は、他の方法では区分所有者の共同生活の維持を図ることが困難な場合に、滞納者を排除するために行うことができる手段です。競売申立ての前に競売請求訴訟を提起し、認容判決を得る必要があります。たとえば、抵当権付きの債権が高額で、区分所有法７条に基づく競売をしても管理費を回収できる見込みがないときに、この手段が検討されます。

不動産の競売申立ては、その不動産の所在地を管轄する地方裁判所に行います。添付書類として、管理組合の規約の写しと理事長が選任されたときの総会の議事録の写しなどが求められます。

## ■ おもな債務名義

| 債務名義になるもの | 備　考 |
|---|---|
| 判決 | 確定しているものでなければならない |
| 仮執行宣言付きの判決 | 確定していないが一応執行してよいもの |
| 支払督促＋仮執行宣言 | 仮執行宣言を申し立てる |
| 執行証書 | 金銭支払のみ強制執行が可能 |
| 仲裁判断＋執行決定 | 執行決定を求めれば執行できる |
| 和解調書 | 「○○円払う」といった内容について執行可能 |
| 認諾調書 | 請求の認諾についての調書 |
| 調停調書 | 「○○円払う」といった内容について執行可能 |

## ■ 不動産競売手続きの流れ

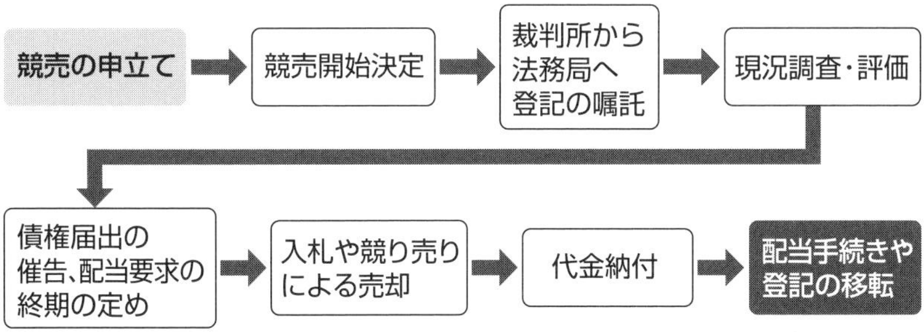

## 書式　マンション管理費請求のための支払督促申立書

# 支払督促申立書

マンション管理費等 請求事件
当事者の表示　　　　別紙当事者目録記載のとおり
請求の趣旨及び原因　別紙請求の趣旨及び原因記載のとおり

「債務者　は、　　債権者に対し、請求の趣旨記載の金額を支払え」
との支払督促を求める。

申立手続費用　　金　　○,○○○　円
内　訳
　申立手数料（印紙）　500　円
　支払督促正本送達費用（郵便切手）　○,○○○　円
　支払督促発付通知費用　○○○　円
　申立書作成及び提出費用　800　円
　資格証明手数料　　円

令和　○　年　○　月　○　日
住　　所：〒000-0000
（所 在 地）　東京都○○区○○１丁目１番１号○○マンション△△△号室
債権者氏名：○○マンション管理組合
（名称及び代表者の資格・氏名）　代表者理事長　甲山太郎　㊞

（電 話：　03-0000-0000　）
（FAX：　03-0000-0000　）

東京　簡易裁判所　裁判所書記官　殿

価額　100,000　円
貼用印紙　500　円
郵便切手　○,○○○　円
葉書　1　枚
添付書類　□資格証明書　　通
　☑規約の写し　1　通
　☑議事録の写し　1　通

受付印

| | |
|---|---|
| 貼用印紙 | 円 |
| 葉書 | 枚 |
| 郵便切手 | 円 |

# 請求の趣旨及び原因

請求の趣旨

1　金　　　100,000 円

2　（☑上記金額、□上記金額の内金　　　　　　　　　円）に対する
（☑支払督促送達日の翌日、□令和　　　年　　月　　日）
から完済まで、 年　◯　%の割合による遅延損害金

3　金　　　　◯,◯◯◯ 円（申立手続費用）

請求の原因

1　（1）契約日　　令和 ◯ 年 ◯ 月 ◯ 日

（2）債務者が区分所有権を有する建物の所在地
東京都◯◯区◯◯１丁目１番１号◯◯マンション×××号室

（3）契約の内容
債務者は債権者に対し以下の条件で◯◯マンションの管理費を支払う

・区分所有者は、毎月末日までに、当マンション管理規約第◯条により、専有部分の面積に応じて翌月分の管理費を支払う

・債務者の専有面積は◯◯.◯◯㎡であり、月額の管理費は25,000円である

2

| 管理費 | 支払済みの額 | 残　額 |
|---|---|---|
| 100,000円<br>（令和◯年◯月分<br>～令和◯年◯月分） | 0円 | 100,000円 |

## 書式　マンション管理費請求のための訴状

# 訴　　　状

事件名　管理費支払　請求事件

☑少額訴訟による審理及び裁判を求めます。本年，この裁判所において少額訴訟による審理及び裁判を求めるのは　1　回目です。

○○　簡易裁判所　御　中　　　　令和　○　年　○　月　○　日

**原告（申立人）**

〒000－0000

住　所（所在地）　東京都○○区○○町○丁目○番○号

氏　名（会社名・代表者名）

○○○○マンション管理組合　理事長○○○○　印

TEL00 － 0000 － 0000　　FAX00 － 0000 － 0000

**送達場所等の届出**

原告（申立人）に対する書類の送達は，次の場所に宛てて行ってください。

☑上記住所等

□勤務先　名　称

〒

住　所

TEL　－　－

□その他の場所（原告等との関係　　　　）

〒

住　所

TEL　－　－

□原告（申立人）に対する書類の送達は，次の人に宛てて行ってください。

氏　名

**被告（相手方）1**

〒000－0000

住　所（所在地）　東京都○○区○○町○丁目○番○号○○マンション×××号室

氏　名（会社名・代表者名）

○○○○

TEL00 － 0000 － 0000　　FAX00 － 0000 － 0000

勤務先の名称及び住所

TEL　－　－

**被告（相手方）2**

〒

住　所（所在地）

氏　名（会社名・代表者名）

TEL　－　－　　FAX　－　－

勤務先の名称及び住所

TEL　－　－

| | | |
|---|---|---|
| 訴訟物の価額 | 100,000 円 | 取扱者 |
| 貼用印紙額 | 1,000 円 | |
| 予納郵便切手 | 円 | |
| 貼用印紙 | 裏面貼付のとおり | |

一般

| | |
|---|---|
| 請求の趣旨 | 1　被告は、原告に対して、次の金員を支払え。<br>金　　100,000　円<br>□上記金額　□上記金額の内金　　　　　　円に対する<br>令和　　年　　月　　日から令和　　年　　月　　日まで<br>年　　%　の割合による金員<br>□上記金額　□上記金額の内金　　　　　　円に対する<br>令和　　年　　月　　日から支払済みまで<br>年　　%　の割合による金員<br>☑上記金額に対する　{ □令和　　年　　月　　日 / ☑訴状送達の日の翌日 }　から支払済みまで<br>年　◯　%　の割合による金員<br>2　訴訟費用は、被告の負担とする。<br><br>との判決（☑及び仮執行の宣言）を求めます。 |
| 紛争の要点（請求の原因） | 1　被告は〇〇マンションの区分所有者であり、当マンション管理規約第〇条により、毎月末25,000円の管理費を当マンション管理組合に支払うことになっている。<br><br>2　被告は令和〇年〇月から同年×月分までの管理費を滞納しており、再三にわたり支払を請求しても全くこれに応じない。<br><br>3　よって、原告は被告に対し、未納管理費100,000円及びこれに係る遅延損害金を上記のとおり請求するものである。 |
| 添付書類 | ・〇〇マンション管理規約 |

## 【監修者紹介】

### 森　公任（もり　こうにん）

昭和 26 年新潟県出身。中央大学法学部卒業。1980 年弁護士登録（東京弁護士会）。1982 年森法律事務所設立。おもな著作（監修書）に、『図解で早わかり 最新 会社の倒産 しくみと手続き』『不動産契約基本法律用語辞典』『民事訴訟・執行・保全　基本法律用語辞典』『契約実務 基本法律用語辞典』『改正対応！株主総会のしくみと手続き』『改正対応 公正証書のしくみと実践書式集』『最新 請負・業務委託・副業をめぐる法律と実務書式』など（小社刊）がある。

### 森元　みのり（もりもと　みのり）

弁護士。2003 年東京大学法学部卒業。2006 年弁護士登録（東京弁護士会）。同年森法律事務所 入所。おもな著作（監修書）に、『図解で早わかり 最新 会社の倒産 しくみと手続き』『不動産契約基本法律用語辞典』『民事訴訟・執行・保全 基本法律用語辞典』『契約実務 基本法律用語辞典』『改正対応！株主総会のしくみと手続き』『改正対応　公正証書のしくみと実践書式集』『最新 請負・業務委託・副業をめぐる法律と実務書式』など（小社刊）がある。

森法律事務所
弁護士 16 人体制。家事事件、不動産事件等が中心業務。
〒 104-0033　東京都中央区新川２－ 15 －３　森第二ビル
電話 03-3553-5916
http：//www.mori-law-office.com

すぐに役立つ
入門図解
**最新　マンション管理の法律と実務**

2021年６月30日　第１刷発行

監修者　森公任《もりこうにん》　森元《もりもと》みのり
発行者　前田俊秀
発行所　株式会社三修社
〒 150-0001　東京都渋谷区神宮前 2-2-22
TEL　03-3405-4511　FAX　03-3405-4522
振替　00190-9-72758
https://www.sanshusha.co.jp
編集担当　北村英治
印刷所　萩原印刷株式会社
製本所　牧製本印刷株式会社

ISBN978-4-384-04869-8 C2032